FACULTÉ DE DROIT DE PARIS.

DES

HYPOTHÈQUES

CONVENTIONNELLES

EN DROIT ROMAIN.

DE LA

PURGE DES PRIVILÈGES ET DES HYPOTHÈQUES

EN DROIT FRANÇAIS.

THÈSE POUR LE DOCTORAT

PAR

Constantin-Georges MACESCO.

Avocat.

PARIS

IMPRIMERIE MOQUET,

11, RUE DES FOSSÉS SAINT-JACQUES, 11.

1865

DES HYPOTHÈQUES CONVENTIONNELLES.

DES
HYPOTHÈQUES
CONVENTIONNELLES
EN DROIT ROMAIN.

DE LA
PURGE DES PRIVILÉGES ET DES HYPOTHÈQUES
EN DROIT FRANÇAIS.

PAR

Constantin-Georges MACESCO,
Docteur en droit.

PARIS
IMPRIMERIE DE MOQUET
Rue des Fossés-Saint-Jacques, 11.
1865

A LA MÉMOIRE DE MON PÈRE

ET DE MA TANTE.

A MA MÈRE.

A MON FRÈRE ALEXANDRE

DROIT ROMAIN

DES

GAGES ET HYPOTHÈQUES

DE LA MANIÈRE DE LES CONSERVER ET DES PACTES QUI PEUVENT Y ÊTRE AJOUTÉS.

(Dig. liv. 20 tit. 1, 2, 3).

L'hypothèque proprement dite est une création prétorienne. Les Romains ne paraissent pas seulement avoir soupçonné l'existence du régime hypothécaire tel que le comprennent les modernes, ou tel enfin que l'avait compris la législation grecque. Nous trouvons, en effet, à Athènes un système de publicité des hypothèques très-incomplet, sans doute, mais qui montre que ce peuple avait compris de bonne heure l'importance de la publicité des hypothèques (Hesychius *in* Ὅρος, Polux, Onomast., III, C. 9, § 85). Mais comment les décemvirs, auteurs des Douze Tables, ont-ils ignoré la législation grecque sur ce point, ou du moins, comment en la connaissant, ne crurent-ils pas devoir l'imiter? Vico a été arrêté un moment par cette question, mais il la résout en soutenant que les Romains n'avaient rien emprunté aux Grecs, et que l'envoi de trois commissaires en Grèce n'est qu'une invention des patriciens pour amuser la *plebs*.

Soutenir que les grands principes du droit civil des Romains, principalement les institutions relatives au mariage, à l'adoption et la puissance paternelle, n'ont pas été tirés de la législation grecque, c'est ce que nous comprenons facilement; mais nous avons de la peine à admettre que les Romains n'aient rien emprunté aux Grecs, et que l'envoi des trois commissaires au-delà des mers ait été une invention des patriciens pour amuser la *plebs*. Tout prouve la réalité de ce voyage. Selon Cicéron, une loi de Solon sur les funérailles avait été traduite presque mot sur mot et insérée dans les Douze Tables. Gaïus nous dit également que le titre *de jure prædiatorio* était rédigé d'après une loi de Solon, dont les décemvirs avaient suivi la disposition, s'ils ne s'étaient pas approprié le fonds. Tout cela vient à l'appui de notre système et ne permet pas de douter que les décemvirs n'aient eu sous les yeux les principales législations de la Grèce. Ce n'est donc pas, comme le dit Vico, qu'on peut résoudre cette question. Nous croyons que les décemvirs ne firent pas un grand usage des lois d'Athènes. L'emprunt se réduit peut-être à quelques lois somptuaires et de police, qui ne sont que des appendices peu importants à l'édifice du droit civil.

Fonder l'unité du droit privé, tel était le but principal des décemvirs. Mais à cette occasion on mit par écrit une partie des anciennes coutumes de Rome (1). Des dispositions sur le droit public et sur le droit sacré furent insérées dans la loi, mais les décemvirs ne songèrent pas à donner à Rome une législation complète, ni à diviser les Tables de la loi en trois parties, contenant l'une le droit sacré, l'autre le droit public, la troisième le droit privé. Vico considère la mission de l'ambassade au delà des mers comme une invention des patriciens, et ce qui le force à adopter cette opinion, c'est la dissemblance entre le droit attique et les XII Tables. Mais quoi qu'en dise l'illustre Italien, les rapports entre ces deux législations ne peuvent pas être niés, et nous savons, par ce qui vient d'être dit, que le titre *de jure prædiatorio* avait été rédigé d'après une loi de Solon ; il en est de même, d'après Cicéron, de la loi sur les funérailles. Nous ne prétendons pas

(1) Makeldey, Manuel, § 23.

prouver le voyage de l'ambassade par la ressemblance qu'on peut relever sur ces deux points dans les deux législations. Il y a, sans doute, comme le remarque avec raison Vico, des objets qui comportent une uniformité universelle par leur nature même : l'illustre auteur de la science nouvelle considère l'envoi de l'ambassade en Grèce comme tout à fait chimérique, et ne regarde le droit romain que comme le produit d'un état social par lequel toutes les familles humaines ont dû passer, comme l'œuvre spontanée de la société latine à l'âge homérique, comme l'inspiration enfin d'une sagesse universelle, qui jaillit de tous les points de la terre, et s'élabore elle-même, partout originale, partout une et identique (1).

Nous savons bien qu'on n'est pas obligé de conclure de la ressemblance de deux législations à la réalité du voyage de l'ambassade en Grèce, et nous dirons même que si l'on en décidait d'après les rapports du droit civil attique avec les XII Tables, il y aurait certainement erreur dans une pareille assertion, car, dans presque toutes les dispositions essentielles de droit sur la famille, et surtout dans la procédure, il y a divergence complète. Mais la réalité de la mission au delà des

(1) Vico, Science des faits.

mers pour y recevoir les enseignements d'une sagesse vénérée peut être établie par des preuves irrécusables.

Les Patriciens datent de la fondation de l'*urbs*. Telles étaient sur ce point les idées de l'aristocratie elle-même, qui rattachait les praticiens aux plus anciens habitants du Palatin, à ces prétendus Arcadiens d'Evandre, que les matrones honoraient d'un culte si spécial à l'autel de Garmenta « Quamobrem Carmentæ templum ma« tronæ αἱ μητέρες et antiquitas dedicaverunt et « hodie in primis colunt? » Plut. Q. R, 56. Ce sont les patriciens, cette caste supérieure et dominante qui avaient le monopole des fonctions sacerdotales, politiques et judiciaires. Quant aux plébéiens, bien que reconnus pour des hommes libres, ils étaient complétement exclus du gouvernement, qui était restreint aux familles (gentes).

La *plebs* existe depuis le roi Ancus, comme portion libre, reconnue et très nombreuse de la nation; mais avant Servius, elle n'était formée encore que de parties accumulées sans ordre. Ce n'est point un ensemble jouissant d'une organisation intérieure (1), mais c'est sous les premiers rois que la *plebs* commence à prendre un rapide

(1) *Niebur*, T. II. p. 147.

accroissement. Déjà, par le fait de l'accroissement de la commune plébéienne, le droit des plébéiens prenait dans Rome une certaine prépondérance. Vainement les *gentes* veulent la maintenir dans l'oppression et dans l'esclavage, la *plebs* commence à se sentir mûre pour l'exercice du pouvoir, et réclame une constitution et l'égalité de droit. Plus celle-ci avait le sentiment de ses droits et de sa dignité, plus l'aristocratie devenait méfiante, haineuse, oppressive à dessein (1). C'est ainsi que commença la lutte entre les deux ordres.

Après la retraite du peuple sur le Mont sacré, la lutte devient encore plus terrible. Mais il faut bien se garder de croire qu'à cette époque, du moins, il soit question de modifier le droit privé. Opprimés par les excès de la noblesse, écrasés surtout par l'usure, les plébéiens ne pouvaient pas prétendre à ce que le droit patricien leur soit communiqué. Ce droit paraissait fait pour la noblesse et incommunicable comme elle. Tout ce que les plébéiens pouvaient demander, c'était que leur droit fût publié, et qu'il ne fût pas possible aux patriciens d'interpréter ou de modifier arbitrairement la coutume qui les régissait.

Quoique accompagnée d'une grande férocité,

(1) Tite-Live, III, 55.

à cause de l'inflexible orgueil des patriciens qui ne voulaient rien céder, la lutte profita à la *plebs*. Forte par la cause qu'elle défendait, de même que par le nombre qui s'étendait et croissait sans cesse, la *plebs* devait nécessairement triompher. Il était temps que Rome vît cesser l'orgueil de la noblesse qui, déjà, se consumait en elle-même, et les abus de l'autorité consulaire. Préparée par les énergiques déclamations du tribun C. Terentillus, la *plebs* proposa de nommer des quinquemvirs chargés de rédiger des lois *de Imperio consulari*. « *Legem se promulgaturum, quinque viri creentur legibus de imperio consulari scribendis. Quod populus in se jus dederit, eo consulem usurum : non ipsos libidinem ac licentiam suam pro lege habituros.* » Tit. Liv. III, 9.

Denys, en parlant de la loi proposée par les tribuns, l'appelle loi d'ἰσοναμία et ἰσηγορία. Il s'agissait donc de soumettre les patriciens et les plébéiens à une loi commune, de mettre l'unité à la place de la diversité, l'égalité à la place du privilége (1), et non pas de publier les coutumes qui formaient le droit public et le droit privé des Romains.

J'avancerai comme une idée qui ne repose que

(1) Guérard. Essai sur l'histoire du droit privé des Romains, p. 330.

sur elle-même que, dans l'origine, les plébéiens ne demandaient que de rédiger et de publier leur droit, afin qu'il ne fût pas possible aux patriciens d'interpréter arbitrairement la coutume qui les régissait. A cette époque, il n'y avait encore chez les plébéiens aucune prétention ni d'isonomie ni d'iségorie. Ce n'est que plus tard, et lorsque la *plebs* se sentit majeure et mûre pour l'exercice du pouvoir, qu'elle réclama un ensemble de lois écrites sur le droit public et sur le droit privé et l'égalité de droits (ισηγορία.)

La loi Terentilla fut proposée par le collége entier des tribuns, sous le consulat de P. Volumnius et Servius Sulpicius. La guerre des Étrusques et des Sabins empêcha cette loi de passer, mais la cause de la réforme est gagnée, le peuple, à l'aide des *minores gentes*, obtient des concessions importantes : le nombre des tribuns est doublé, la loi *de Aventino publicando*, si chère à la *plebs*, est votée.

Qu'aidée par les terreurs de la dictature, l'oligarchie ait pu empêcher la loi Terentilla de passer, cela n'a rien d'incroyable, mais il est impossible de croire que Rome ait pu passer ainsi de l'agitation la plus violente au calme le plus profond. Les tribuns ne cessèrent pas, ainsi que l'attestent les historiens, de demander que l'on choisît des décemvirs dans les deux ordres pour rédiger un code avantageux à tous. « *Communiter legum latores, et ex plebe et ex patribus.* » Liv. III, 31.

Le droit des patriciens se voyait de jour en jour plus menacé de périr dans Rome, et les *majores gentes* auraient mieux aimé communiquer le droit patricien que de subir le droit plébéien. L'ambassade en Grèce fut peut-être un dernier effort des patriciens pour faire comprendre à la *plebs* la supériorité de leur droit. Sp. Posthumius Albus, A. Manlius et Servius Sulpicius Camerinus furent nommés par un sénatus-consulte ratifié par un plébiciste et furent envoyés en Grèce, dont la réputation de civilisation et de sagesse retentissait déjà sur les côtes de l'Italie. Les trois commissaires partent sous le consulat de Sp. Tarpeius.

La mission des commissaires était accomplie, lorsque les décemvirs commencèrent leur travail. Fonder un droit unique et commun aux deux ordres (1), tel était le but des décemvirs, but très-important; mais ils purent pourtant accomplir leur travail sans trouble extérieur. Il est impos-

(1) « Legum latores... qui utrisque utilia ferrent, quæque œquandæ libertatis essent. » Liv, III, 31, « Se quantum decem hominum ingeniis provideri, potuerit, omnibus summis infimisque jura æquasse. » Ibid. Παύσασθαι στασιάζοντας τοὺς πολίτας ὑπερ τῶν ἴσων. Den d'Hal. X.

sible de douter que les décemvirs n'aient eu sous les yeux les principales législations de la Grèce. Si l'usage qu'ils en firent n'est pas bien grand, il est certain cependant que plusieurs lois de Solon furent traduites presque mot pour mot et insérées dans les XII Tables.

Que l'hypothèque ne se trouve pas mentionnée dans cette loi, cela n'a rien d'étonnant, mais il est impossible de croire que la législation grecque ait été ignorée.

Les décemvirs ne songèrent jamais à donner à Rome un code de loi complet. Fonder une législation unique, un droit propre aux patriciens et aux plébéiens était le but principal des décemvirs.

CHAPITRE PREMIER.

COMMENT LE GAGE SE CONSTITUE.

Dans le principe, la personne du débiteur était le seul gage commun de ses créanciers. Si le débiteur s'opposait à l'exécution volontaire de son obligation, le créancier saisissait sa personne. Ce n'est que dans des cas exceptionnels, comme pour le paiement de ce qui était dû au Trésor public, au service militaire et pour les sacrifices, que les biens du débiteur pouvaient être l'objet d'un recours direct de la part des créanciers. Mais, avec le temps, à côté de la *manus injectio*, qui avait été créée par le système des actions de la loi, la procédure formulaire introduisit la *missio in possessionem bonorum*. Avec le système formulaire la *manus injectio* disparut peu à peu, les biens du débiteur pouvant devenir le gage de ses créanciers; mais le droit n'avait à cet égard que des institutions très imparfaites. En effet, l'avantage qu'on avait accordé au créancier se rapprochait trop souvent d'une illusion; car le débiteur pouvait, en contractant sans cesse de nouvelles dettes, en dissipant son patrimoine, diminuer et même anéantir le gage de ses créanciers; il arrivait souvent que ceux-ci n'étaient qu'incomplétement désintéressés, que quelquefois même ils ne touchaient aucune portion de leurs créances. C'est pourquoi les créanciers durent chercher des garanties plus sérieuses contre les risques d'insolvabilité qui les menaçaient; ils exigèrent de leur débiteur des sûretés particulières : tantôt l'engagement de personnes qui répondaient du paiement sous leur propre responsabilité, et que l'on qualifiait de *sponsores fidepromissores, fidejussores*; tantôt l'affectation d'une chose dont la valeur devait répondre du paiement(1). Nous n'avons à nous occuper dans ce travail que des sûretés accessoires réelles, c'est-à-dire du gage et de l'hypothèque.

(1) On donnait à ces sûretés accessoires le nom générique de *cautiones*.

Le gage, quant à son origine, peut être divisé en gage volontaire et en gage nécessaire ou forcé.

Le gage volontaire résulte de la volonté exprimée soit dans une convention, soit dans un testament ; le gage nécessaire résulte de l'ordre du magistrat ou d'une disposition légale. Nous traiterons du gage et de l'hypothèque qui résulte de la convention des parties seulement.

Dans les premiers siècles de Rome, le débiteur, qui voulait donner une chose en garantie à son créancier devait lui transférer la propriété quiritaire par la mancipation ou la *cessio in jure* (Isidor., Orig., V, 25), et sous la condition *fiducia* de remancipation (1), si la dette était payée à l'échéance. cet arrangement, connu sous le nom de mancipation avec *fiducie*, produisait une double action : l'action *fiducia directa*, au profit du débiteur qui avait payé, pour contraindre le créancier à lui retransférer la propriété; et l'action *fiduciæ contraria* au profit du créancier pour se faire rembourser par le débiteur les dépenses qu'il avait été obligé de faire pour conserver la chose (2).

(1) Gaïus, Com. II, § 59 et 60. — Paul, sent. recept., II, 13, § 1 à 7 ; Cf. Boet. ad Cicer. Top., I.

(2) La propriété que le débiteur transférait à son créancier par la *mancipatio* ou la *cessio in jure* n'était pas définitive : le créancier, après le paiement de la dette, devait

On serait tenté de confondre le contrat de fiducie avec notre vente à réméré; mais si ces deux contrats se ressemblent beaucoup sous certains points, ils se distinguent aussi par une différence capitale. A Rome celui qui avait aliéné avec clause de fiducie n'avait pour recouvrer sa chose qu'une simple action personnelle qui, laissait intactes les aliénations que l'acquéreur avait consenties; tandis que le vendeur à réméré a une action réelle devant laquelle tombent les aliénations de toute espèce consenties par l'acheteur.

Le contrat de fiducie donnait une sécurité très-complète au créancier qui, devenu propriétaire absolu du gage, en pouvait disposer à son gré, mais il était ruineux. Non-seulement le débiteur perdait la possession de la chose dont cependant il pouvait avoir un grand besoin, mais encore le créancier ayant la propriété complète de la chose, sauf l'obligation personnelle résultant de la fiducie, il pouvait l'aliéner valablement, même avant l'échéance, et le débiteur n'avait

retransférer au débiteur la propriété de la chose. Mais le débiteur avait un autre moyen de rentrer dans la propriété de la chose, indépendamment de celui que nous venons d'indiquer : c'était l'*usureceptio,* espèce d'usucapion qui permettait au propriétaire primitif de reprendre la propriété quiritaire par une simple possession d'un an, quelquefois même sans avoir payé la dette.

qu'une action en indemnité contre lui, il n'en avait aucune contre le tiers acquéreur. Ces inconvénients firent abandonner peu à peu ce mode de garantir les dettes. Le droit civil reconnaît de bonne heure un autre mode d'engagement moins dangereux pour le débiteur. Ce dernier ne transférait plus au créancier la propriété de l'objet, mais seulement la possession. De cette manière, le débiteur n'avait plus à craindre aucune aliénation de la part du créancier. Par le contrat qui intervenait entre les parties lors de la tradition de la chose, le débiteur avait, indépendamment de la revendication, l'action *pigneratitia directa* pour obtenir la restitution de ce qu'il avait livré. Le créancier avait l'action *pigneratitia contraria* pour se faire indemniser des dépenses qu'il avait faites pour conserver la chose.

Le *pignus* assurait ainsi au créancier un droit de rétention sur la chose, jusqu'au paiement de la dette, il était de plus, jusqu'à l'extinction de la dette protégé dans sa possession par les interdits possessoires. Ces interdits qui lui appartiennent sont directs et non utiles dans sa personne. Nous voyons cependant par la loi 16 *de Usurp. et Usucap.*, liv. XLI, tit. 3. « Servi nomine, qui « pignori datus est, ad exhibendum cum credi- « tore, non cum debitore agendum est : quia qui « pignori dedit, ad usucapionem tantum possi-

« det ; quod ad reliquas omnes causas pertinet, « qui accepit, possidet : adeo ut addici possit et « possessio ejus, qui pignori dedit, » que le débiteur qui a constitué un *pignus*, ne se dépouille pas entièrement de la possession. Il continue, nonobstant le *pignus*, l'usucapion s'il en a besoin : « Debitor videtur possidere ad unam causam, « ad usucapionem. » Mais le créancier possède aussi, les textes nous le disent de manière à ne pas en douter ; c'est même en vertu de cette possession que les interdits, possesseurs directs, lui sont accordés. En présence de ces textes, la question devient très-délicate : voilà deux positions qui sont contraires aux règles du droit. Il paraît certain, au premier abord, que le créancier n'a pas l'*animus domini*, puisqu'il reconnaît le débiteur comme propriétaire, et cependant il est considéré comme possesseur d'un objet dont il ne s'attribue pas la propriété et dont il s'est rendu comptable envers le propriétaire. D'un autre côté, le débiteur usucape sans posséder, au mépris de la maxime « Sine possessione usu« capio contingere non potest » L. 25, *de Usurp. et Usuc.* Cette difficulté n'échappa pas à M. de Savigny, et dans son précieux *Traité sur la possession* le grand Romaniste présente un système très ingénieux et qui consiste à dire que le créancier gagiste n'a qu'une possession dérivée (abgeleiteter Besity). Le contrat de gage contient, dit-il, aliénation immédiate du *jus possessionis* qui appartenait au débiteur. Cette possession cependant ne s'appuie, quant à l'*animus*, que sur les intentions du débiteur, parce que c'est là seulement que se rencontre la prétention à la propriété.

Le système de M. de Savigny a été vivement attaqué, non-seulement de l'autre côté du Rhin, mais encore chez nous par un de nos maîtres, M. Machelard, à qui la science doit de si grands services. « Il est certain, dit M. Machelard, que la possession exige l'*animus domini*, et cet *animus* doit être personnel au possesseur. On peut bien posséder *alieno corpore,* mais non *alieno animo*. Si le créancier ne fait qu'emprunter l'*animus domini* du débiteur, il est difficile de comprendre qu'il possède *pro suo*, condition sans laquelle il n'y a pas de véritable possession. En réalité, ajoute-t-il, telle n'est pas la situation du créancier gagiste : il songe à son intérêt; il veut conserver la chose à son profit, pour l'aliéner et en prendre le prix, par conséquent, pour faire l'acte le plus éclatant qu'autorise la propriété. » Tel est, en résumé, le raisonnement qui a conduit M. Machelard à repousser le système de M. de Savigny. Malgré le respect dû à notre savant maître, nous ne saurions nous rallier à son opinion. Nous n'admettons pas certainement l'existence de deux droits susceptibles tous deux de possession, c'est-à-dire une *corporis possessio* existant au profit du débiteur, et devant s'exercer par l'intermédiaire du créancier, et une *quasi-possessio,* consistant en un *jus in re*, en un démembrement de propriété au profit de ce dernier et compatible avec la possession du débiteur. Une pareille solution serait bien contraire aux textes d'après lesquels il résulte d'une manière très-précise que le débiteur abandonne la *corporis possessio*. C'est même en vertu du *jus possessionis* transféré au créancier par le débiteur que ce dernier peut exercer les interdits possessoires: *Intelligitur possidere*, disent les textes. Nous reconnaissons donc une possession au créancier, une *corporis possessio;* mais quant à l'*animus domini*, il ne fait que l'emprunter du débiteur, qui seul a la prétention à la propriété. Le système de M. de Savigny n'est pas si inintelligible qu'on l'a prétendu, nous croyons même qu'il est le seul auquel on puisse se rattacher pour expliquer les textes. Mais, dit-on, si le créancier ne fait qu'emprunter l'*animus domini* du débiteur, il est impossible de comprendre qu'il possède *pro suo*, condition sans laquelle il n'y a pas de possession. Et d'abord remarquons qu'il n'est pas nécessaire que le créancier possède *pro suo*.

Il songe à son intérêt, c'est pourquoi il a le droit de retenir la chose jusqu'au paiement intégral de la dette. Ce n'est qu'éventuellement, pour le cas de non-paiement qu'il peut l'aliéner et en toucher le prix. Ce qui prouve surtout que telles étaient les idées des Romains sur la question qui nous occupe, c'est que le créancier n'avait pas les avantages d'un *jus in re* proprement dit, mais la faculté seulement d'user des interdits.

La question de savoir si le droit d'hypothèque, droit qui a fini par être virtuellement contenu dans le *pignus* romain, peut être appelé un démembrement de propriété, est encore controversée. Si on regarde le droit d'hypothèque comme un *jus in re,* il faut convenir, qu'à la différence des autres *jura in re aliena* qui s'exercent sans dépouiller entièrement le *dominus,* il est de telle nature que, quand il vient à se réaliser, il absorbe tout l'émolument de la propriété, pour ne rien laisser au propriétaire, si cela est nécessaire à la satisfaction du créancier.

Si nous avions à exprimer notre opinion sur cette question, nous dirions que l'hypothèque est bien un droit réel, c'est un point que nous établirons plus tard (1) ; mais les mots *droits réels* ne sont pas synonymes de ceux-ci : *démembrement*

(1) V. p. 31 et suiv.

de propriété. Sans doute l'hypothèque est un droit réel, puisqu'elle met le créancier en rapport immédiat avec la chose ; mais elle n'appartient pas à cette classe de droits réels qu'on appelle démembrement de propriété. Qu'est-ce, en effet, que la pleine propriété? La réunion sur la même tête des droits d'user, de jouir et de disposer d'une chose : or, le propriétaire dont le bien est hypothéqué conserve intact le *jus utendi, fruendi et abutendi;* l'hypothèque n'est donc pas un démembrement du droit de propriété, puisqu'elle n'est une portion ni du *jus utendi,* ni du *jus fruendi*, ni du *jus abutendi.*

Dans l'ordre d'idées que nous avons suivi, le moyen le plus naturel, celui qui dut se présenter à l'esprit du créancier pour mettre son droit à l'abri de toute incertitude, ce fut l'appréhension de la chose par lui et le droit de la retenir jusqu'à ce que le débiteur eût satisfait à son obligation. Par les périls auxquels il donnait naissance le contrat de fiducie devait nécessairement conduire au *pignus.* Cependant ce dernier contrat présentait aussi de graves inconvénients; en effet, le *pignus* privait le débiteur de la possession d'objets dont l'usage pouvait lui être indispensable, comme, par exemple, lorsqu'un fermier avait donné les instruments aratoires. Il est vrai qu'au moyen du *precarium* (1), le créancier gagiste pouvait rendre la chose au débiteur pour qu'il pût s'en servir ; mais c'était là un remède peu efficace, car il laissait le débiteur exposé au caprice du créancier, qui pouvait reprendre la chose *ad nutum*. Et même ce remède pouvait être dangereux, car la possession du créancier n'existant plus, aucun signe extérieur n'avertissait les tiers de l'existence du gage. Mais le débiteur n'est plus exposé à perdre la chose qu'il a affectée au paiement, pourvu qu'il paye la dette à son échéance, car, outre l'action personnelle (*actio pigneratitia*), qu'il a contre le créancier gagiste pour obtenir la restitution du gage, il peut encore agir par revendication contre tout détenteur. Le *pignus* ne transférait donc au créancier qu'un droit de rétention ; toutefois, si le débiteur ne paye point à l'échéance, le créancier vend le gage, se paye sur le prix, et, s'il y a un excédant, il en tient compte au débiteur.

La faculté de vendre le gage devait être conférée au créancier par une convention expresse. (Gaius, *Comment. II*, § 64 ; Javolen, l. 73, ff. *de Furtis*). Plus tard, on admit que cette convention pouvait être sous-entendue, comme résultant de la nature et du but du gage (Ulpian., l. 4, ff.

(1) L. 23 *de pign.*; l. 37, *de pign.* l. 37 *de Acq. poss.*

de Pign. act.; Marcian, l. 12, § 10, ff. *Qui pot. in pign.*). Dans le droit des Pandectes, on pouvait convenir que, faute de paiement à l'échéance le créancier resterait propriétaire du gage (*Vatic. Fragm.*, § 9, *Cicero ad famil.*, XIII, 56. Constantin, dans une de ses *Constitutions*, prohiba cette clause comme trop dangereuse pour le débiteur.

Le contrat de gage était donc préférable au contrat de fiducie; cependant les inconvénients auxquels il donnait naissance devaient nécessairement conduire à l'hypothèque. Ni la propriété, ni la possession de l'objet donné en gage ne sont transportées au créancier hypothécaire. L'hypothèque ne confère au créancier qu'un simple droit réel, au moyen duquel il pourra, à défaut de paiement à l'échéance, se faire mettre en possession de la chose hypothéquée, et la vendre avec préférence sur le prix.

Introduite par le préteur Servius, l'hypothèque n'eut pas, à son origine, le même caractère de généralité que le contrat de fiducie et le *pignus*. Ce n'est, en effet, que dans l'intérêt des colons que le droit prétorien imagina l'hypothèque proprement dite. Le droit civil n'accordait au bailleur aucun privilége sur les effets du fermier, et on n'aurait pu les affecter au paiement des fermages qu'au moyen d'un gage proprement dit, qui aurait enlevé au fermier ses instruments de travail et d'exploitation. Il y avait dès lors nécessité de ménager les intérêts du propriétaire, sans enlever au fermier la possession de ses instruments de travail. Le droit prétorien sut concilier ces intérêts opposés en décidant que, dans ce cas particulier, les parties pourraient, par une simple convention et sans tradition, constituer un gage au profit du bailleur sur les effets du fermier. Avec le temps, la dispense de tradition introduite par Servius en faveur d'une créance spéciale fut généralisée par les préteurs subséquents, et il fut admis que tout créancier pouvait, par une simple convention, obtenir sur les biens de son débiteur un droit de suite et de préférence. Le préteur avait crée une aciton *in rem*, au moyen de laquelle le bailleur pouvait revendiquer contre tout détenteur les objets affectés à la créance (*actio serviana*). Lorsque l hypothèque fut établie pour tous les cas de gage, il y eut, à côté de la Servienne proprement dite, au profit d'un créancier quelconque, une action réelle, appelée quasi-Servienne. Servienne utile, ou hypothécaire.

Qu'il y ait eu contrat de gage (avec possession) ou simple convention d'hypothèque pour la garantie d'une créance, l'action hypothécaire est également accordée dans les deux cas. « Inter « pignus et hypothecam, quantum ad actionem « hypothecariam attinet, nihil interest; nam de

» qua re inter creditorem et debitorem convene-
« rit, ut sit pro debito obligata, utraque hac ap-
« pellatione continetur (1). » Mais si le gage et l'hypothèque se ressemblent au point de vue du droit réel auquel ils donnent naissance, ils n'en diffèrent pas moins sous d'autres rapports. « Sed
« in aliis differentia est. Nam pignoris appella-
« tione eam proprie rem contineri dicimus, quæ
« simul etiam traditur creditori, maxime si mo-
« bilis. At eam quæ, sine traditione, nuda con-
« ventione tenetur, propria hypothecæ appella-
« tione contineri dicimus. » La proposition de Marcien, consistant à dire que : « Inter pignus et
« hypothecam tantum nominis sonus differt, » est très-absolue. Le gage se forme par la remise de la chose, il ne s'applique, du moins d'après les Proculéiens, qu'aux meubles ; l'hypothèque, au contraire, s'applique tant aux meubles qu'aux immeubles. Elle se forme par la simple convention et ne donne pas lieu aux actions pignératitiennes. Enfin, dans le *pignus* proprement dit, le créancier ayant le droit de posséder la chose, peut agir par action hypothécaire avant l'échéance de la dette, tandis que, dans l'hypothèque pro-

(1) Par l'action hypothécaire, qui fut ainsi mise à la disposition du créancier gagiste, celui-ci n'était plus borné à la ressource des interdits s'il avait perdu la possession de la chose engagée.

prement dite, le créancier ne peut agir par action hypothécaire qu'après que la dette est échue. Cette dernière différence est cependant contestée; nous nous bornons à la mentionner ici, sauf à revenir plus tard sur ce point, qui a été l'objet de très-vives controverses.

L'hypothèque dépend uniquement de la volonté des parties; la simple convention, indépendamment de toute solennité, suffit pour la créer. Il n'est même pas nécessaire que la volonté des parties soit expresse; de simples faits suffisent pour donner naissance à l'hypothèque, c'est ce qui nous est dit dans la loi 26, § 1, *de pign. et hypot.*

La loi 39, *De pign. act.*, paraît en contradiction avec la loi 26, § 1. Cette contradiction cependant n'est qu'apparente. La loi 26 prévoit l'hypothèse suivante : Un père emprunte une somme, et le billet qui constate le prêt est écrit par son fils émancipé; de plus, le père déclare dans ce billet, qu'il hypothèque la maison de son fils pour garantir ce prêt. La question est de savoir si le fils, n'ayant pas accepté la succession du père, continuera d'avoir la propriété de ce fonds libre d'hypothèque. Le jurisconsulte Modestin répond que ce fonds sera grevé d'hypothèque, car si le fils n'a pas exprimé son consentement à la constitution d'hypothèque, en écrivant ce que lui dictait son père, il a accompli un ait qui a manifesté suffisamment son consentement. L'hypothèse prévue par la loi 39 est complétement différente de celle prévue par la loi 26. Il est question, dans la loi 39, d'un homme qui a apposé sa signature sur un testament dont il ignorait le contenu, et le jurisconsulte décide qu'il n'y a pas hypothèque. Cette décision est, en effet, très-logique, car si le consentement tacite suffit pour constituer l'hypothèque, on ne peut pas considérer celui qui n'a fait qu'apposer sa signature sur un testament dont il ne connaissait pas le contenu, comme ayant donné un consentement suffisant aux dispositions qu'il renferme.

Considérée dans ses effets, l'hypothèque est un droit réel accordé au créancier sur la chose d'autrui pour la sûreté de sa créance. On est généralement d'accord sur la réalité du droit d'hypothèque en droit français. En était il de même en droit romain? Ce qui rend la question très délicate, c'est que l'hypothèque ne se trouve nulle part mentionnée parmi les droits réels, et pourtant la division des droits en réels et personnels est nettement consacrée par les lois romaines. Laissons pour un instant de côté le silence des lois romaines, et voyons si, par la nature même des choses, si, par un examen attentif des principes, nous pouvons arriver à établir la réalité de l'hypothèque.

La distinction de *jura in re* et de *jura ad rem*, résultant de la nature même des choses, se rencontre dans la législation romaine, sinon posée dogmatiquement, du moins constatée par les jurisconsultes classiques romains. Le *jus in re*, c'est le droit qui nous appartient en propre, immédiatement et absolument sur une chose; c'est le droit enfin que nous pouvons exercer *erga omnes*. Par sa nature il s'applique à son objet, en sorte qu'il est identiquement le même contre tout le monde, *idem erga omnes ;* et le devoir qu'il impose aux autres hommes, devoir purement négatif, de ne rien faire qui trouble l'ayant droit dans la jouissance des avantages que la chose est susceptible de procurer, montre qu'il fait abstraction de toute obligation pour ne considérer que la chose.

Le *jus ad rem* est celui qui ne peut être exercé que contre une ou quelques personnes déterminées, *adversus certam personam*, celui, en un mot, qui ne nous appartient sur la chose que médiatement, relativement, et en trouvant pour intermédiaire et pour base l'obligation personnelle de telle ou telle personne. Ainsi, par le *jus ad rem*, alors même qu'il a une chose pour objet, nous n'avons sur la chose aucune puissance directe et mmédiate, et nous ne pouvons arriver à elle que par l'intermédiaire du débiteur, qui reste, en quelque sorte, interposé entre nous et la chose. Il est aisé de voir maintenant combien le *jus ad rem* diffère du *jus in re*, qui nous met, en quelque sorte, en contact avec la chose même, qui nous donne enfin sur la chose un pouvoir immédiat et direct dont nous pouvons nous prévaloir contre quiconque mettrait obstacle à l'exercice de notre droit.

Cette division des droits en *jura in re et jura ad rem* une fois établie, examinons la nature de l'hypothèque. Par la convention d'hypothèque le créancier a le droit de poursuivre la chose en quelques mains qu'elle passe. L'hypothèque est donc un droit réel (1) Comment en douter? Elle ressemble aux autres droits réels, en ce sens qu'elle est donnée contre tout possesseur et qu'elle tend à faire rendre au créancier la possession de la chose.

(1, Michelsen, t. 7, p. 364 et suiv.; Hasse, Rhein Mus, t. 1 p 94; Mühlenbrück Lehre von der cession, p. 13 note 20. Cependant Zimmer., dans Arch. f. d. civil, Prax., t 7, p. 315 et suiv. ne veut pas considérer le droit de gage comme un droit réel proprement dit. Nous admettons l'opinion de Zimmer. pour le cas seulement où une créance a été donnée en gage, alors, en effet, il n'y a pas lieu à une *in rem actio*, mais à une *in personam actio*.

Quant au silence qu'ont gardé les jurisconsultes, en ne mentionnant pas l'hypothèque parmi les droits réels, il n'a rien d'étonnant pour nous. Création prétorienne (1), l'hypothèque ne fut introduite par le préteur qu'avec respect pour le vieux droit civil, et à la condition de ne pas la classer parmi les droits réels.

Mais de ce que l'hypothèque est un *jus in re*, un droit réel, il ne s'ensuit nullement qu'elle soit un démembrement de la propriété. Le droit de propriété se résume dans la triple faculté de jouir, de disposer et d'aliéner, *jus utendi*, *fruendi et abutendi*, et, par cela même elle implique le droit, pour le propriétaire, d'exclure tout acte ou toute entreprise qui pourrait faire obstacle à l'exercice de l'une ou de l'autre de ces facultés. Lequel de ces droits le débiteur, en constituant une hypothèque, a-t-il transféré au créancier? Evidemment aucun. Le débiteur continue de jouir de sa chose comme pour le passé, mais le créancier n'acquiert ni le *jus utendi*, ni le *jus fruendi*, ni enfin le *jus abutendi*. Il est vrai que l'hypothèque retire quelque chose aux prérogatives de la propriété; mais il ne suffit pas que la

(1) La création de l'action servienne est attribuée au célèbre jurisconsulte Servius Sulpicius Il paraît cependant, d'après Cicéron, *Ad famil.* XIII, 56 que l'hypothèque conventionnelle était déjà connue dés le temps de la république.

propriété soit restreinte en une manière quelconque pour qu'on doive conclure que l'hypothèque constitue par elle-même un démembrement du droit de propriété. Il est de toute évidence que l'usufruit est un démembrement du droit de propriété, parce que, non-seulement le droit du propriétaire se trouve affecté et restreint, mais aussi parce que l'usufruitier a acquis le *us utendi et fruendi*, c'est-à-dire le droit de retirer de la chose, sans en altérer la substance, tout le bénéfice, toute l'utilité et tout l'agrément qu'elle peut procurer. Le créancier hypothécaire acquiert le droit de transformer en argent les biens grevés d'hypothèque et de se faire payer sur le prix que donnera la vente, s'il n'est pas payé à l'échéance. Mais ce même droit appartient, dans une certaine limite, bien entendu, à tout créancier, hypothécaire ou simplement chirographaire, car quiconque s'oblige oblige tous ses biens. A ce prix toute créance constituerait un démembrement du droit de propriété. Quelque effort qu'on fasse, il est impossible de voir dans une restriction quelconque aux prérogatives de la propriété un démembrement du droit de propriété. Et comment alors l'hypothèque qui laisse au débiteur la jouissance de sa chose, constituerait-elle un démembrement du droit de propriété?

Le droit d'hypothèque présente plusieurs particularités : d'abord c'est un droit réel, qui naît d'une simple convention ; il présente encore cela de particulier, qu'il ne peut pas exister seul et par lui-même; il n'est que l'accessoire d'une créance qu'il garantit et qui est le principal. Il semblerait naturel, d'après cela, de décider que toutes les causes d'extinction de la créance devraient amener l'extinction de l'hypothèque. Telles n'étaient cependant pas les idées des Romains sur ce point que nous nous bornons pour le moment à indiquer ici, et, sauf à y revenir pour le développer dans les chapitres suivants, nous passons à l'indivisibilité de l'hypothèque.

L'hypothèque est un droit indivisible : « Est « tota in toto et in qualibet parte, » suivant l'expression de Dumoulin. Mais s'agit-il ici d'une indivisibilité qu'il faut nécessairement reconnaître dans tout droit dont on ne saurait concevoir la division par fractions égales ou inégales, en autres termes, d'une indivisibilité naturelle proprement dite? Nous ne pouvons pas concevoir un droit de passage conférant au propriétaire du fonds dominant la faculté de passer pour une moitié, pour un tiers pour un quart, sur ce fonds servant. Il en est autrement de l'hypothèque ; on comprend, en effet, très-facilement un droit d'hypothèque se divisant, si la chose sur laquelle il est établi vient à être divisée elle-même. Il s'agit de cette indivisibilité sur laquelle Dumoulin s'exprime en ces termes : « dicimus hypothecam mere quidem dividuam esse tam ex parte creditoris quam debitoris, sed non dividi ; quia licet lex Duodecim Tabularum ipso jure tam active quam possive dividit nomina, seu debitum sortis principalis, tamen ut non dividit conditiones, ita non dividit pignus, vel hypothecam seu ejus luitionem. Et sic de se remanet indivisum tam active quam passive. » L'hypothèque est donc indivisible par l'intention das parties. Il est, en effet, dans la volonté du créancier hypothécaire que l'hypothèque subsiste entière sur toutes les parties de la chose hypothéquée, et pour toute la durée sur chacune d'elles, en telle sorte que si une partie de la dette, quelque minime qu'elle soit, reste encore due, les objets hypothéqués en totalité continueront à être affectés à la garantie de ce qui reste encore dû. Comme conséquence du principe que l'indivisibilité de l'hypothèque est purement intentionnelle, il faut dire que rien ne s'oppose à ce que les effets en puissent être restreints par la volonté des parties. C'est ce que décide Marcien, dans ses *lib. singular. ad formulam hypothecariam*. « Si convenerit ne pars dimidia pro indiviso pignori sit, quæcumque fundi ejus pars a quolibet possessore petatur, dimidia non recte petetur. » L. 8, § 3, *Quib.*

mod. pign., 20, 6. Remarquons cependant qu'il ne s'agit dans tout ceci que de restrictions mises par les parties à l'hypothèque, et non pas d'exception ou de dérogations à la règle de l'indivisibilité.

L'indivisibilité de l'hypothèque ne fait pas obstacle à la division de l'obligation principale (si cette obligation est divisible), qui va se diviser suivant un principe qui remonte à la loi des XII Tables (Voir ci-dessus le texte de Dumoulin). Ceci établi, il faut dire qu'après le décès du débiteur, l'obligation se divisant de plein droit entre les héritiers, chacun d'eux ne sera tenu personnellement que pour sa part héréditaire. Mais la division de l'action personnelle n'entraîne pas la division de l'action hypothécaire qui échappe à ce morcellement; et chaque héritier, possédant une partie quelconque des objets affectés, pourra être poursuivi hypothécairement pour le tout, de manière à être obligé de payer intégralement ou de délaisser ce qu'il détient : « In solidum ut « vel totum debitum reddat, vel eo quod detinet « cedat. » L. 2, *Si un. ex plur.*, C. 8, 32.

Le principe de l'indivisibilité de l'hypothèque a été ouvertement violé par Justinien en accordant aux légataires le droit d'agir hypothécairement contre chaque héritier, dans la mesure seulement de ce qu'il serait tenu de payer par la

voie de l'action personnelle. « In tantum et hy-
« pothecaria unumquemque conveniri volumus,
« in quantum personalis actio adversus eum
« competit (1). » Les rédacteurs du Code Napoléon, dans l'art. 1017, ont été plus logiques que Justinien en n'admettant pas une pareille division. Cela ne veut pas dire cependant que le système du Code, quoique plus logique que le système romain, soit celui qui présente le moins d'inconvénients dans la pratique.

Le système de Justinien, sans être la conséquence du principe de l'indivisibilité de l'hypothèque, peut être justifié par d'autres motifs. Il fut introduit pour assurer le repos des familles, en évitant tout ce qui peut donner lieu à des actions récursoires d'héritier à héritier. Ce but n'aurait pas été atteint, si un héritier pouvait être tenu, par l'action hypothécaire, de payer non-seulement la part dont il est personnellement tenu, mais encore les parts dont sont chargés ses cohéritiers. Ces mêmes inconvénients se rencontrent, si à la place d'un legs nous supposons une dette hypothécaire dont le défunt était tenu de son vivant; et il est certain que l'application du système de Justinien, en cette hypothèse, aurait le même résultat.

(1) L. 1, Comm. de leg. C. 6, 43.

L'hypothèque est un droit indivisible, c'est-à-dire qu'elle subsiste entière sur toutes les parties de la chose hypothéquée, et pour toute la dette sur chacune d'elles. Ainsi, tant qu'une partie de la dette, quelque minime qu'elle soit, reste due, les objets hypothéqués demeurent, malgré les paiements partiels, affectés en totalité à la garantie de ce qui est dû. De même, si la créance se divise entre plusieurs personnes, comme dans le cas de succession, chaque fraction de la créance primitive a pour sûreté non pas une fraction correspondante des hypothèques, mais les biens hypothéqués en entier. D'un autre côté, si les biens hypothéqués périssent en partie, l'hypothèque subsiste en entier, pour ce qui est dû, sur tout ce qui reste de ces biens, et si les biens hypothéqués viennent à se diviser, par succession, par exemple, chacune de ces fractions reste hypothéquée pour toute la dette et pour chacune des fractions de cette dette.

Nous avons dit que l'hypothèque était indivisible dans la conservation, mais il ne faut pas croire qu'elle l'ait été dans sa constitution même. Il en est autrement des servitudes prédiales ; la raison de cette différence est facile à comprendre, car on ne pouvait imaginer, par exemple, ainsi que nous l'avons déjà dit, un droit de passage sur une part indivise d'un fonds ; rien de plus raisonnable au contraire qu'une hypothèque sur une part indivise. La raison de cette différence consiste en ce que le but des hypothèques et des servitudes n'est pas le même. L'hypothèque tend à la vente : vendre et se faire payer sur le prix, voilà le but du créancier hypothécaire. Les servitudes, de même que le louage, ont pour but la jouissance, et de même qu'on ne peut louer une part indivise, de même on ne peut la grever de servitudes. Ainsi nous disons avec M. Pellat (1) : L'hypothèque est indivisible quant à sa conservation, mais divisible quant à sa constitution. Il peut arriver que l'hypothèque se divise, même après sa constitution, si les parties étaient convenues qu'en cas de mort du propriétaire de l'immeuble hypothéqué ses héritiers ne seraient tenus hypothécairement que pour la dette personnelle. Voilà comment s'explique, dans le droit français, la disposition de l'art. 2114 du C. Nap., qui dit que l'hypothèque est indivisible de sa nature, mais cette indivisibilité n'est pas de son essence.

Nous avons dit que le seul consentement suffisait pour la constitution de l'hypothèque. L'importance de la publicité de l'ypothèque a été toujours méconnue par les Romains, et leur système

(1) M. Pellat, à son cours.

hypothécaire, le plus vicieux que l'on puisse imaginer, au lieu de devenir un moyen de crédit pour les propriétaires et de sécurité pour les créanciers, n'était qu'un moyen très-commode de faire des dupes. Le créancier qui recevait une hypothèque n'avait, en effet, aucun moyen pour s'assurer si son droit n'était pas menacé par l'existence d'hypothèques antérieures. L'empereur Léon fut le premier qui, en 449 (l. 11, *Qui pot.* C. 8-18), attacha quelques avantages à l'existence d'un écrit (1).

A partir de cette époque, les hypothèques constatées dans un *instrumentum publicum*, ou dans un acte souscrit par trois citoyens *integræ opinionis*, étaient préférables aux hypothèques occultes, même antérieures en date. Mais il faut bien nous garder de croire que l'existence de l'hypothèque ait jamais été subordonnée à la condition d'un *instrumentum publicum*. Même depuis la constitution de Léon, l'écrit n'avait d'autre but que d'établir un rang de préférence.

(1) Avant cet empereur, des peines très sévères étaient prononcées pour prévenir les inconvénients résultant du défaut de publicité en matière hypothécaire. Le débiteur qui avait dissimulé l'existence d'une hypothèque antérieure était considéré comme stellionataire et puni en conséquence. L'antidate en matière hypothécaire était frappée de la peine du faux.

CHAPITRE II.

ÉTENDUE DU DROIT DE GAGE ET D'HYPOTHÈQUE.

Considéré relativement aux objets qu'il embrasse, le droit d'hypothèque peut être spécial ou général, *pignus speciale* ou *particulare*, et *generale* ou *universel*. L'hypothèque spéciale est celle qui frappe seulement les objets qui sont déterminés par la convention. Le gage constitué sur des choses particulières, individuellement déterminées, s'étend aussi aux fruits, accessoires et dépendances de ces choses.

Plusieurs difficultés ont été soulevées, cependant, quant aux accessoires de la chose hypothéquée. On s'est demandé, entre autres, si l'hypothèque du fonds emportait l'hypothèque tacite des fruits. L'affirmative se trouve formellement consacrée par la loi 3. C. *In quibus causis pign.* Si le fonds hypothéqué passe aux mains d'un possesseur de bonne foi, il est certain qu'il sera tenu de tous les fruits qu'il a perçus après la *litis contestatio*, car de ce jour il a cessé d'être de bonne foi. Quant aux fruits perçus avant la *litis contestatio*, le possesseur de bonne foi les fait siens, quand même il ne les aurait pas encore consommés. Les lois 16, § 4, et 1, § 2, D., *De pign.*, semblent pourtant dire le contraire. Ces lois, en effet, distinguent entre le cas où les fruits ont été consommés et le cas contraire. Dans la première hypothèse, les fruits perçus et consommés avant la *litis contestatio* appartiennent au possesseur de bonne foi ; ils cessent au contraire de lui appartenir s'ils n'ont pas été consommés.

Pour nous, ces textes n'ont rien d'embarrassant, car nous sommes persuadés que les mots *consumptos* d'une part, et *nisi* d'autre part, qui s'y trouvent mentionnés, ont été ajoutés par les compilateurs byzantins pour mettre ces textes en harmonie avec la jurisprudence du temps de Justinien. Et cela est si vrai, que des constitutions postérieures (1) décidèrent que le possesseur de bonne foi qui, autrefois, faisait siens tous les fruits perçus avant la « litis contestatio », qu'ils fussent ou non consommés, ne ferait plus siens d'une manière irrévocable que ceux qui seraient consommés.

Si, négligeant le mot *consumpti*, que nous rencontrons dans les lois 16, § 4, et 1, § 2, D. *De pign.*, et que nous considérons comme une inter-

(1) L. 22, C., *De rei vendicatione* : « Certum est malæ fidei possessores omnes fructus solere cum ipsa re præstare, bonæ fidei vero extantes, post autem litis contestationem universos. »

prélation des compilateurs, nous cherchons la solution de notre question dans les principes du droit romain suivis en matière d'acquisition de fruits, nous les trouvons tous favorables à notre opinion.

Voilà comment Paul, dans la loi 48, pr., D., *De adquir. rer. dom.*, s'exprime sur cette question : « Bonæ fidei emptor non dubie percipiendo « fructus etiam ex aliena re suos interim facit, « non tantum eos qui diligentia et opera ejus pro- « venerunt, sed omnes ; quia quod ad fructus at- « tinet, loco domini pene est. Denique, etiam « priusquam percipiat, statim ubi a solo separati « sunt, bonæ fidei emptoris fiunt. »

Julien, l. 25, § 1, D., *De usur. et fruct.*, suivait le même système que Paul : « In alieno fundo, « quem Titius bona fide mercatus fuerat, fru- « mentum sevi ; an Titius bonæ fidei emptor per- « ceptos fructus suos faciat ? Respondi : Quod ad « fructus qui ex fundo percipiuntur, intelligi de- « bet proprius ea accedere, quæ servi operis suis « adquirunt, quoniam in percipiendis fructibus « magis corporis jus, ex quo percipiuntur, quam « seminis ex quo oriuntur, aspicitur : et ideo « nemo unquam dubitavit, quin, si in meo fundo « frumentum tuum severim, segetes, et quod ex » messibus collectum fuerit, meum fieret. Porro « bonæ fidei possessor in percipiendis fructibus

« id juris habet, quod dominis prædiorum tributum est. Præterea, cum ad fructuarium pertineant fructus a quolibet sati, quanto magis hoc in bonæ fidei possessoribus recipiendum « est, qui plus juris in percipiendis fructibus habent? Cum fructuarii quidem non fiant, antequam ab eo percipiantur, ad bonæ fidei autem « possessorem pertineant, quoquo modo a solo « separati fuerint : sicut ejus qui vectigalem fundum habet, fructus fiunt, simul atque a solo « separati sunt. »

Voilà donc une doctrine bien positive : le possesseur de bonne foi fait les fruits siens par leur simple séparation d'avec le sol, « simul atque a « solo separati sunt », quand même il ne les a pas encore consommés.

Quant au possesseur de mauvaise foi, il est tenu de rendre tous les fruits antérieurement perçus, même ceux qui n'existeraient plus.

Ces principes étant posés, l'explication de la loi 1 § 2, *De pign., et hyp.* ne présente plus aucune difficulté. Le créancier peut, au moyen de son action hypothécaire, suivre la chose, c'est-à-dire la réclamer à quiconque la détient : c'est une conséquence de la nature même de tout droit réel; mais il n'a aucun droit sur les fruits perçus avant la « litis contestatio », car ils ont appartenu au possesseur de bonne foi du jour où, par leur séparation du fonds, ils ont eu une existence juridique.

L'hypothèque constituée sur des choses particulières, individuellement déterminées, s'étend aussi, avons-nous dit, aux fruits, accessoires et dépendances, mais à la condition que ces dépendances soient en rapport avec elles d'une manière constante et non pas transitoire.

Comme conséquence de ce principe, nous dirons que le part de l'esclave hypothéquée est lui-même frappé d'un droit d'hypothèque, bien que les parties n'aient fait aucune convention à cet égard.

Cette solution est adoptée par Paul dans la loi 29, § 1, D., *De pign. et hyp.*: « Si mancipia in causam pignoris ceciderunt, ea quoque quæ ex his « nata sunt eodem jure habenda sunt. Quod ta-« men diximus etiam adgnata teneri, sive specia-« liter de his convenerit, sive non, ita procedit, « si dominium eorum ad eum pervenit, qui obli-« gavit, vel heredem ejus. Cæterum si apud alium « dominum pepererint, non erunt obligatæ. »

Dans la loi 18, § 2, D., *De pign. act.*, le jurisconsulte étend sa décision, même au cas où le part naîtrait chez un autre maître : « Si fundus « pignoratus venierit, manere causam pignoris » quia cum sua causa fundus transeat, sicut in » partu ancillæ qui post venditionem natus sit. »

Cependant le même Paul, dans ses *Sentences*, lib. 2, tit. 5, § 2, paraît manifestement en contradiction avec lui-même, car il nous dit d'une manière très-formelle que les enfants d'une esclave engagée ne sont pas soumis au droit de gage, quand on n'en est pas expressément convenu : « Fœtus vel partus ejus rei quæ pignori data est, « pignoris jure non tenetur, nisi hoc inter contra- « hentes convenerit. »

Cette contradiction a divisé longtemps les commentateurs et les divise encore aujourd'hui.

Deux systèmes sont en présence et chacun d'eux s'appuie sur les textes que nous avons cités.

Pour Cujas la contradiction ne serait qu'apparente, vu que les textes prévoient deux hypothèses tout à fait différentes. « Non obstat, nous « dit-il, dans ses Paratit. in lib. VIII, Codic. « Justiniani, quod Paulus scribit II, Sent., tit. V., « quoniam intelligendum est de fœtu, vel partu « edito ante pignoris obligationem, vel etiam de « partu edito pars pignoris obligationem apud « alium quam debitorem, vel heredem ejus, vel « creditorem, veluti apud emptorem ancillæ, cui « eam debitor vendidit sine consensu credi- « toris. »

Ainsi, pour Cujas, le paragraphe des Sentences s'appliquerait au part né avant la constitution d'hypothèque, et la loi 29 au part né après la même époque, mais chez un maître autre que le constituant ou son héritier. Dans ce dernier cas le part n'est pas hypothéqué, quand même la conception aurait eu lieu chez le débiteur, car l'enfant n'a jamais été *in bonis debitoris* : « Dicam partum « ancillæ pigneratæ, editum apud emptorem an- « cillæ proprie non venire in pignoris obli- « gationem jure taciti pignoris, quia nunquam « fuit in bonis debitoris, licet apud eum con- « ceptus sit, ob id ipsum, quia non est ante « quam in lucem edatur. »

Ainsi l'hypothèque tacite du part, résultant de la convention qui a grevé la mère ne porterait que sur les enfants nés chez le débiteur ou chez l'héritier. Quant aux enfants nés après l'aliénation de la mère, l'hypothèque ne pourra jamais les atteindre.

Cujas apporte cependant un tempérament à son système. Si la mère ne suffit pas pour indemniser le créancier, le part né chez l'acquéreur sera soumis au droit d'hypothèque, par la raison que la femme qui la produit appartenait au débiteur au moment où l'obligation a été contractée. « Sed tamen in actionem hypotheca- « riam, qua creditor persequitur rem pignori « obligatam venire etiam fœtus ejus rei, et fruc- « tus et partus, vel jure expressi pignoris si

« extent, vel arbitrio judicis tanquam tacite « obligatas si etiam extent, et res principalis « creditori adimplendo non sufficiat, quia licet « in bonis debitoris nunquam fuerint, tamen res « ex qua orti sunt, in bonis debitoris fuit tem- « pore contractæ obligationis, consumptas au- « tem non venire, quia consumptio bonæ fidei « emptor absolvit. » Les mots *arbitrio judicis*, que nous rencontrons dans cette dernière partie de notre citation, méritent d'être observés. Le part né chez l'acheteur n'a jamais été *in bonis debitoris*, le juge cependant, en vertu de son *arbitrium*, par une interprétation plus douce, le considérera comme soumis au droit du créancier, parce que la femme qui l'a produit appartenait au débiteur au moment où l'obligation a été contractée.

Tel est le système de Cujas, exposé dans toute son étendue.

Cette manière de voir, cependant, ne nous paraît pas satisfaisante. Il est difficile, j'en conviens, de croire à une contradiction si éclatante entre des textes émanant du même jurisconsulte; mais j'ai de la peine à comprendre aussi que la loi 18 puisse s'adapter à une pareille conciliation. Nous n'avons qu'à lire attentivement cette loi pour rester convaincus qu'elle s'exprime, non pas avec les précautions d'une *benignior interpretatio*, le prétend Cujas, mais, au contraire, avec toute l'énergie d'une règle.

M. Pellat a proposé une autre interprétation qui nous paraît préférable.

D'après cet auteur, le cas prévu par la loi 18 n'est pas le même que celui prévu par les Sentences. Il serait question dans la loi 18 du part de l'esclave né, après la constitution d'hypothèque, chez le débiteur ou son héritier, ou même chez un autre propriétaire, pourvu que la conception ait eu lieu chez le débiteur. Le moment de la conception est très-important à déterminer; aussi le droit du créancier s'étendra au part s'il a été conçu chez le débiteur ; il sera libre de tout droit de gage si la conception et la naissance ont eu lieu chez l'acquéreur de la mère.

Dans ses Sentences, au contraire, Paul voudrait parler des enfants nés avant la constitution d'hypothèque, et il décide que ses enfants ne seront pas soumis au droit du créancier, à moins que les parties ne soient convenues du contraire.

A l'appui de son système, M. Pellat invoque un argument tiré de la loi 48, § 5, D., *De furtis*. « Ancilla si subripiatur prægnans, vel apud fu-« rem concepit, partus furtivus est, sive apud « furem edatur, sive apud bonæ fidei possesso-« rem. Sed si concepit apud bonæ fidei posses-« sorem, ibique peperit, eveniet ut partus fur-

« tivus non sit, verum etiam usucapi possit. »

Voilà une doctrine qui est bien positive. Les choses volées ne peuvent pas être usucapées, même par un possesseur de bonne foi. Cependant si une esclave avait été volée, le part pouvait être usucapé s'il avait été conçu chez un possesseur de bonne foi, il ne pouvait pas l'être, au contraire, si sa conception avait eu lieu chez le voleur.

L'argument tiré de la loi 48 peut, j'en conviens, être invoqué avec tout le succès désiré, par les partisans de ce système, mais il nous paraît bien étonnant que le jurisconsulte Paul ait négligé de faire, dans ses Sentences, la distinction proposée par M. Pellat; distinction d'ailleurs très-importante, surtout quand, dans la loi 29, s'il est vrai que ce texte appartient au même jurisconsulte, il adoptait une décision diamétralement opposée.

Du principe que le gage constitué sur des choses particulières, individuellement déterminées, s'étend aussi aux fruits accessoires et dépendances de ces choses, nous pouvons conclure que l'hypothèque établie sur un esclave doit s'étendre au pécule aussi. Cependant le *peculium* d'un esclave fait ici exception, quand il n'a pas été hypothéqué expressément avec lui (L. 1, § 1, D., 20-1). « Servo pignori dato, peculium ejus creditor, « citra conventionem specialiter super eo con-

» ceptam, frustra distrahit : nec interest, quando « servus peculium adquisierat. »

Mais l'hypothèque constituée sur des choses individuellement déterminées ne devant pas s'étendre à ce qui ne se trouve en rapport avec elles que d'une manière transitoire (1), il faut dire que : ni la chose acquise avec l'argent hypothéqué, ni l'objet acquis avec le prix de la vente de la chose hypothéquée, ou de ses fruits, ni enfin la nouvelle espèce produite par la transformation de la chose mobilière hypothéquée, ne seront soumis au droit du créancier, à moins que le contraire n'ait été convenu entre les parties.

C'est encore à titre d'accessoire que la maison bâtie sur un terrain hypothéqué sera soumise au droit du créancier. Si la maison hypothéquée vient à périr, l'hypothèque se conservera sur le terrain. Mais que faut-il dire des améliorations ? Profiteront-elles ou non au créancier hypothécaire ? Ces améliorations peuvent être :

1° Naturelles ou accidentelles, comme, par exemple, une amélioration résultant d'un alluvion : cette amélioration profitera au créancier hypothécaire, car, hypothéquer une chose, c'est l'affecter dans toutes ses qualités et, par suite,

(1) Huschke, stud des Rœm. Rechts, p. 371 et suiv. sinemis Handbuch des gemeinen Pfandrechts, p. 462.

dans ses améliorations éventuelles. L'alluvion fait partie du fonds ; c'est le fonds lui-même qui augmente insensiblement ; il sera donc compris dans l'hypothèque du fonds.

2° Elles peuvent provenir du fait du débiteur, par exemple, de constructions ou plantations : ces constructions profiteront également au créancier hypothécaire. Le droit du créancier se transmet ainsi par le sol au nouveau bâtiment ou aux plantations.

3° Elles peuvent enfin provenir du fait d'un tiers possesseur. Ici encore ces améliorations profiteront au créancier. Mais le créancier sera-t-il tenu de rembourser au tiers possesseur ses frais de construction avant de pouvoir obtenir la possession ? L'affirmative résulte d'une manière très-évidente de la loi 27, § 2, D., *De pignor. et hyp.* « Sed bona fide possessores non aliter cogendos « creditoribus ædificium restituere, quam sump- « tus in extructione erogatas, quatenus pretiosior « res facta est. »

Ainsi voilà ce qui est bien positif : le possesseur pourra exiger, avant de restituer l'édifice au créancier hypothécaire, que le créancier lui rembourse ses dépenses jusqu'à concurrence de la plus-value qu'a reçue le sol.

Mais la loi 44, § 1, *De damno infecto*, semble en contradiction avec la loi 27, § 2. Voilà, en effet, ce que nous dit Africain dans cette loi : « Damni infecti nomine in possessionem missus, « possidendo dominium cepit : deinde creditor « eas (ædes) pignori sibi obligatas persequi vult ; « non sine ratione dicetur, nisi impensas, quas « in refectionem fecerim, mihi præstare sit pa- « ratus, inhibendam adversus me persecutio- « nem. Cur ergo non emptori quoque id tribuen- « dum est si forte quis insulam pigneratam eme- « rit ? Non recte hæc inter se comparabuntur, « quando is qui emit sua voluntate negotium « gerat : ideoque diligentius a venditore sibi ca- « vere et possit, et debeat : quod non æque et « de eo, cui damni infecti non promittatur, dici « potest. »

Ces deux textes ont longtemps divisé les commentateurs. Pour M. Pellat, Paul et Africain différaient d'avis sur la question que nous examinons, et après une sérieuse étude, il déclare qu'on ne doit pas tenter de concilier ces lois.

Quant à l'objection faite aux partisans de ce système, et qui consiste à dire que Paul, dans la loi 29, prévoyait le cas de reconstruction de la maison, tandis que dans la loi d'Africain il ne s'agit que de réparations faites à la maison, ils croient pouvoir se tirer d'affaire en disant qu'on ne doit pas voir dans cette différence de circonstances un motif de décider diversement dans chacun des deux cas, car s'il est vrai, disent-ils, que, sans les dépenses de reconstruction, le créancier n'aurait pas eu d'hypothèque, il est également vrai que, sans les dépenses faites pour le réparer, la maison se serait écroulée ou aurait, tout au moins diminué de valeur, au grand détriment du créancier.

D'après Cujas, au contraire, ces deux lois ne sont pas en contradiction, parce qu'elles prévoient deux hypothèses différentes. Il serait question, dans la loi 29, de frais de reconstruction, tandis que c'est de frais de réparation qu'il s'agit dans la loi d'Africain. Il est donc impossible de confondre les deux cas. Mais, dit-on, cette différence ne suffit pour nous autoriser à décider diversement dans chacun des deux cas. Ce qui est certain, c'est que les deux lois ne confondent pas ces deux cas. Reste à savoir maintenant si cette distinction a sa raison d'être. Eh bien, nous croyons pouvoir trouver avec Cujas, dans cette différence de circonstances, un motif de décider diversement dans chacun des deux cas, car il est certain que, sans les dépenses de reconstruction, le créancier n'aurait pas eu d'hypothèque sur l'édifice. Mais, dit-on encore, le principe de décision pour les deux hypothèses doit être le même, car il n'y a dans les faits qu'une différence du plus ou moins (1). La doctrine de Paul est plus équitable, et il n'y a pas de doute qu'il ne l'eût appliquée en présence de simples réparations. La question n'est pas de savoir si la doctrine de Paul est plus équitable que celle d'Africain, et cela fût-il vrai, il ne serait pas permis de confondre les deux hypothèses prévues par les jurisconsultes, pour conclure ensuite qu'ils sont en contradiction.

On a hypothéqué un fonds avec « quæcunque « inducta, invecta, importata, ibi nata paratave « essent (l. 32. *de pign.*). L'hypothèque ne comprend pas les choses qui ne sont attachées au fonds que momentanément.

Quand un débiteur a l'hypothèque « prædia et mancipia quæ in prædiis erant, » cette hypothèque ne s'étend pas aux esclaves nouveaux qui ont remplacé les esclaves morts, si ces esclaves nouveaux n'ont pas été eux-mêmes hypothéqués, ou s'ils ne sont pas nés de femmes esclaves hypothéquées.

La solution serait différente, d'après Cujas, si le débiteur avait dit « prædia et omnem familiam, rusticam, » car dans cette dénomination de *familia*, il faut aussi comprendre les esclaves substitués aux anciens, et qui empêchent ainsi la *familia* de

(1) M. Machelard, Textes sur les hypothèques.

disparaître, par analogie à ce qui se passe dans le cas où on a hypothéqué un troupeau (l. 13, D. *De pign. et hyp.*).

Pour déterminer l'étendue d'une hypothèque, il faut avoir soin de bien peser les expressions dont on s'est servi pour désigner les objets qui ont été affectés d'hypothèque. Ainsi, si le débiteur a hypothéqué un troupeau, *grex* (l. 13, pr.), et que tout le troupeau ait été renouvelé par des brebis substituées peu à peu aux premières, le nouveau troupeau sera néanmoins réputé être le même que celui qui a été hypothéqué primitivement; car le mot troupeau, *grex*, désigne un être collectif, qui subsistera indépendamment des êtres individuels qui entreront dans sa composition. Si, au contraire le débiteur avait constitué un droit de gage sur un animal déterminé du troupeau, sa mort éteindrait l'hypothèque.

Un marchand a hypothéqué une boutique, un fonds de commerce (taberna); le droit de gage sera limité aux marchandises qui se trouveront dans la boutique au moment où le créancier fera valoir son droit (1). Il n'en sera pas de même, si

(1) La raison de cette différence consiste, d'après Glück et Mühlenbruch, en ce que les parties constituantes d'une taberna sont, d'après leur destination, soumises à un échange perpétuel, et que le commerce du débiteur serait

un marchand a dit qu'il hypothéquait *quæ sunt in taberna ;* quand ces marchandises seront vendues, celles qui viendront occuper leur place ne seront pas affectées au droit d'hypothèque.

L'hypothèque établie sur tout le patrimoine du débiteur comprend non-seulement ses biens présents, mais encore ses biens à venir (l. 34, § 2, D. h. t. XX, 1). Primitivement on avait soin, dans la constitution volontaire d'hypothèque sur tous les biens, d'indiquer par la formule dont on se servait, que les biens futurs du débiteur y étaient compris. A partir de Justinien, il n'est plus nécessaire, en constituant une hypothèque générale, de remarquer qu'elle s'étend sur les biens à venir du débiteur : cela s'entend de soi-même. Mais la question de savoir quand commence le droit de gage sur les choses qui seront acquises par la suite, est très-controversée.

On excepte de l'hypothèque générale les choses qu'il n'est pas vraisemblable que le débiteur eût hypothéquées spécialement. Cela comprend soit les choses indispensables pour les besoins journaliers du débiteur, par exemple, les meubles à son usage personnel, les vêtements, etc. ; soit les objets pour lesquels il a une affection

paralysé si les marchandises devaient encore rester affectées au droit de gage après leur aliénation.

particulière. Il en sera de même des choses que l'héritier du débiteur a acquises d'ailleurs que de l'hérédité.

Les choses nouvelles produites par les transformations des choses hypothéquées ne sont pas soumises au droit de gage. Si une personne a hypothéqué une forêt, et qu'ensuite les arbres de cette forêt aient été transformés en navire, l'hypothèque ne subsiste plus, à moins qu'une convention spéciale n'ait maintenu l'hypothèque, « quia aliud sit materia, aliud navis » (l. 18, § 3, D., *de pign. act.*). Toutefois, il ne faudrait pas prendre le principe que nous venons d'établir trop à la lettre ; notre règle ne doit pas s'appliquer aux transformations purement immobilières, comme, par exemple, à une maison dont on fait un jardin, et réciproquement. Bien que la forme soit changée, le fonds existe toujours.

L'usufruit, au contraire, serait éteint par un semblable changement, parce que l'usufruit est un droit de jouissance, et que la jouissance a été détruite dans sa substance, tandis que, l'hypothèque étant un droit de préférence sur le prix du fonds, rien ne fait obstacle à ce qu'elle continue d'exister autant que le fonds.

Le même créancier peut avoir à la fois pour la même créance une hypothèque générale et une hypothèque spéciale. Au premier abord, on croirait que le créancier a un droit sur tous les biens de son débiteur; mais il a été décidé qu'il doit employer, pour se payer, d'abord les choses qui lui sont spécialement hypothéquées, et ensuite, mais seulement en cas d'insuffisance de celles-ci, les autres biens du débiteur (1).

CHAPITRE III.

QUI PEUT HYPOTHÉQUER ?

Parmi les personnes qui jouissent de ce droit, nous citerons d'abord le propriétaire, c'est-à-dire celui qui a la libre disposition de l'objet. C'est ce qui se trouve exprimé clairement dans plusieurs textes que nous rencontrons au Digeste, entre autres, la loi 6 : *Si alien. rei*... C. 8-16. « Cum Serviana actio declaret evidenter, jure « pignoris, teneri non posse, nisi quæ obligan- « tis in bonis fuerint, et per alium rem alienam « invito domino, pignori obligari non posse, « certissimum est; » et la loi 8, C., h. t. (VIII, 16) : « Nexum non facit prædiorum, nisi per- « sona, quæ jure potuit obligare. » La qualité de propriétaire exigée dans la personne de celui

(1) L. 2, C., h. t. (VIII, 14); l. 9, C., *de dist. pign.* (VIII, 28.)

qui constituait une hypothèque soulève une difficulté. La vente de la chose d'autrui était permise en droit romain (1), tandis que la constitution de l'hypothèque ne pouvait avoir lieu que de la part du propriétaire. Cette difficulté cependant doit disparaître pour quiconque veut se rendre compte sérieusement des effets de la vente en droit romain et de ceux du gage. La vente, en droit romain, n'était pas translative de droit de propriété, comme chez nous, du moins lorsqu'elle a pour objet une chose individuellement déterminée; il n'en résultait qu'une obligation de faire avoir à l'acheteur l'objet vendu, *rem licere habere*, obligation parfaitement licite, et qui, en cas d'inexécution, pouvait être transformée en dommages et intérêts. Autres étaient les effets de l'hypothèque : conférer un droit réel au créancier, tel était le but que les parties se proposaient d'atteindre : « Pignoris persecutio in rem « parit actionem creditori. » Il était dès lors conséquent de décider que la convention faite pour produire un pareil effet n'était pas valable quand le débiteur n'était pas propriétaire. Plusieurs auteurs citent comme exemption à cette règle le cas où l'affectation de la chose d'autrui avait été autorisée par le *dominus*, ou ratifiée par

(1) L. 28, *de cont. empt.* D. (18-1).

celui-ci, ou enfin que, par son silence frauduleux, il avait souffert qu'on induisît en erreur le créancier. Nous aimons mieux voir dans ces deux cas une hypothèque nouvelle consentie par le *dominus* plutôt qu'une ratification de la première hypothèque consentie par le débiteur. Nous reviendrons sur cette question, qui présente d'ailleurs un très-grand intérêt, non-seulement au point de vue scientifique, mais encore au poin, de vue pratique.

Mais nous n'irons pas jusqu'à déclarer nulle l'hypothèque consentie par le non-propriétaire, lorsqu'il s'agissait d'un objet déterminé que le débiteur se proposait d'acquérir et qu'il affectait par anticipation, pour le cas où il deviendrait propriétaire. Cette hypothèse est prévue par la loi 16, § 7, *De pign. et hyp.* « Aliena res utiliter « potest obligari sub conditione, si debitoris « facta fuerit. » C'est une convention conditionnelle dont l'existence était subordonnée à l'acquisition réalisée par le débiteur. Il en était de même dans le cas où l'hypothèque avait été consentie par le débiteur sur une chose dont il était créancier (1).

L'hypothèque, avons-nous dit, peut être, en général, constituée conventionnellement par

(1) L. 1, *pr. de pign. et hypoth.*

quiconque a la libre disposition de l'objet. « Nexum (1) non facit prædiorum, nisi persona « quæ jure potuit obligare. »

Conséquemment, il peut être constitué non-seulement par le propriétaire, en tant que le droit de disposer de sa chose ne lui est point interdit, mais aussi par le copropriétaire pour la partie qui lui appartient dans la chose commune (L. un. C. *Si comm. res pign. dot.*, 8, 21, l. 7, § 4, D. *Quibus mod. pign. solv.*, 20, 6, l. 6, § 8 et 9, D. *Comm. divid.*, 10, 3.) Il résulte de ces différents textes que celui qui n'était que propriétaire par indivis pouvait frapper sa part indivise d'hypothèque. Aucune difficulté ne pouvait se présenter si l'immeuble tombait dans le lot de celui qui avait constitué l'hypothèque. Mais que décider si l'un des copropriétaires établit une hypothèque pour partie, et que le partage survienne ensuite? En droit français, où le partage est déclaratif, l'existence de l'hypothèque dépend de l'événement du partage ; si l'immeuble hypothéqué tombe dans le lot de celui qui a constitué l'hypothèque, l'hypothèque est valable pour le

(1) Le mot *nexum*, dans son acception étroite, se rapporte à la constitution de gage qui se faisait par *mancipatio fiduciæ causa*. Dans le droit nouveau l'expression *nexum* se rapporte tant au gage proprement dit qu'à l'hypothèque.

tout ; mais si, au contraire, l'immeuble hypothéqué ne tombe pas dans le lot de celui qui a constitué l'hypothèque, l'hypothèque n'est pas valable.

En droit romain, l'hypothèque consentie par celui qui n'était que propriétaire par indivis continuait à subsister sur toutes les parties du fonds, nonobstant le partage survenu, soit que l'adjudication eût dépouillé le débiteur de toute propriété, en transférant toute la chose commune au propriétaire, soit qu'elle lui eût attribué la propriété exclusive d'une part matériellement distincte. Cela était conforme aux principes suivis par les Romains en cette matière. Le partage, en droit romain, n'était pas déclaratif, mais attributif de propriété, c'était un véritable acte d'acquisition et d'aliénation, et la chose acquise par le partage passait à l'acquéreur *cum causa sua*. De là il résulte que si un fonds appartenant à deux copropriétaires avait été hypothéqué par l'un des communistes pour la part indivise qu'il avait dans ce fonds, si plus tard cet immeuble était partagé par moitié, l'hypothèque ne frappait pas pour le tout, la moitié qui a été attribuée à celui qui a constitué l'hypothèque, mais elle continue à frapper pour moitié chacune des parties divisées.

On voit combien ce système nuisait à la sécu

rité des partages, en laissant chaque copartageant exposé à subir les hypothèques constituées pendant l'indivision par ses cointéressés. Ces inconvénients n'échappèrent pas aux jurisconsultes romains. Trebatius critiquait ce système et voulait qu'après le partage, l'hypothèque fût continuée seulement sur la part qui avait été attribuée au constituant (L. 31, *de usu et usuf.* D. 33, 2). C'est, comme on le voit, le système suivi par le C. N. qui était enseigné par Trebatius. Cette doctrine devait tomber devant la logique rigoureuse de la jurisprudence romaine. Labéon la repousse par la raison que le juge de l'action en partage ne pouvait pas altérer le droit d'une partie étrangère à l'instance, « non potuisse arbitrum, inter alios judicando, alterius jus mutare. » Le système de Labéon fut suivi par Gaïus et Ulpien (l. 6. § 8, *Comm. divid*). Mais, tout en rejetant la doctrine de Trébatius, les jurisconsultes cherchèrent des moyens de parer aux inconvénients du maintien des hypothèques sur les parties indivises, nonobstant le partage. C'est ainsi que le copropriétaire de celui qui avait constitué une hypothèque sur sa part indivise se réservait le droit de vendre la moitié du lot échu au copartageant débiteur pour le cas où l'hypothèque ne serait pas éteinte par lui. Le lot du copartageant débiteur se trouvait ainsi grevé de deux hypothèques : l'une consentie au profit du copartageant au moment du partage, et l'autre à celui d'un tiers avant le partage.

L'usufruitier peut également hypothéquer, non pas son droit d'usufruit; car il est inhérent à la personne; mais l'avantage, la faculté de recueillir les fruits à sa place, en cas de non paiement, et de les vendre. L'étendue des droits conférés au créancier par cette hypothèque sera la même que celle des droits conférés par la vente que l'usufruitier peut faire de son usufruit à un tiers.

Cette faculté, au contraire, n'appartient pas à l'usager, puisqu'il ne peut pas abandonner à une autre personne l'exercice de son usage; mais elle peut compéter, au moins d'après la plupart des commentateurs, à celui qui a un droit d'habitation et à celui qui a droit aux *operæ servi* ou *animalis*, puisque ceux-ci peuvent concéder à un autre, à titre de louage, l'exercice de leur droit (1).

L'emphytéote et le superficiaire peuvent aussi constituer un droit de gage dont les effets seront limités à la durée de leurs droits. Par suite, si l'emphytéote qui a constitué le gage cesse d'ac-

(1) V. en ce sens contraire Büchel p. 96, n° 11, *Sentenis* p. 132 et suiv.

quitter au bailleur la redevance (*solarium*), et que le créancier hypothécaire ne la lui paye pas non plus, le gage sera éteint; car, le preneur, qui n'avait reçu le fonds qu'à condition de payer la redevance, n'avait pu hypothéquer que sous la même condition. Mais le créancier conserve son droit de gage intact dans le cas où l'emphytéote qui l'a constitué, voulant vendre le fonds, ou l'ayant déjà vendu, le bailleur exerce son droit de préemption. En effet, il n'a rien à se reprocher, comme dans le cas où il n'a pas acquitté la redevance : il ne pouvait pas empêcher le bailleur d'exercer son droit de préemption. Le bailleur est considéré ici comme un acheteur, et il doit subir les charges que supporterait celui-ci, c'est-à-dire qu'il n'a pu acquérir le fonds que *cum sua causa*, avec l'hypothèque qui le grevait.

Le créancier gagiste peut hypothéquer la chose qui lui est déja engagée.

Le fils de famille et l'esclave peuvent hypothéquer le pécule dont ils ont la libre administration, pourvu que cette hypothèque garantisse leur propre dette et non celle d'autrui, car ils sont capables d'aliéner à titre onéreux, mais non à titre gratuit, les choses comprises dans le pécule.

Le procureur ne peut engager valablement les

choses appartenant à son mandant, qu'autant qu'il a reçu de lui à cet égard un mandat spécial.

Les tuteurs ou curateurs pouvaient hypothéquer les choses mobilières et les *prædia urbana* des pupilles ou des fous *sine decreto prætoris*. Il fallait, au contraire, un *decretum prætoris* pour les *prædia suburbana* et les *prædia rustica*. Constantin modifia ce droit en exigeant un *decretum prætoris* dans tous les cas.

La personne protégée par la Publicienne pouvait-elle grever d'hypothèque l'immeuble ainsi protégé? Cette question est très-délicate et mérite toute notre attention.

L'action Publicienne ne se donnait, du temps de Justinien que dans deux cas : 1° lorsqu'une chose avait été reçue en vertu d'une clause translative de propriété et de bonne foi, mais d'une personne qui n'en était pas propriétaire, et que le possesseur en voie de l'usucaper, en avait perdu la possession avant l'expiration du temps nécessaire pour l'usucapion; 2° lorsque celui qui, tout en ayant reçu la chose du véritable propriétaire, en avait perdu la possession, et préférait intenter la Publicienne au lieu de la revendication, car, en intentant la première, il n'était pas obligé de justifier du droit de propriété de ses auteurs.

Revenant à notre question, nous devrions dire

que la personne protégée par la Publicienne, n'étant pas propriétaire, mais seulement en voie de le devenir, ne pouvait pas grever d'hypothèque l'immeuble ainsi protégé. Cependant, le préteur protége de la même fiction le créancier que le possesseur, et l'hypothèque vaudra. Si le constituant opposait au créancier son défaut de propriété, le créancier le repousserait par l'exception de dol; le créancier aurait contre les tiers une action quasi-Servienne qui serait fondée sur la Publicienne : seulement cette action ne triompherait pas contre le propriétaire, elle se briserait, comme la Publicienne, contre l'exception *justi dominii.*

CHAPITRE IV

Des créances et obligations que garantit le gage.

Le gage étant l'accessoire d'une créance ne peut pas exister sans elle. La loi 6 pr. D, *de pign. et hyp.* déclare que toute espèce d'obligation peut servir de fondement à une hypothèque: « Res hypothecæ dari posse sciendum est pro quacunque obligatione : sive pecunia detur (1), sive

(1) Il résulte de ce texte que l'objet de la créance qui sert de fondement au droit de gage peut être, non-seulement de l'argent, mais encore toute autre chose. Dès lors, je ne vois

dos, sive emptio vel venditio contrahatur, vel etiam locatio et conductio, vel mandatum : et sive pura est obligatio vel in diem, vel sub conditione, et sive in præsenti contractu, sive etiam præcedat : sed et futuræ obligationis nomine dare possunt ; sed et non solvendæ omnis pecuniæ causa, verum etiam de parte jus : et vel pro civili obligatione vel honoraria, vel tantum naturali; sed et in conditionali obligatione non alias obligantur, nisi conditio extiterit. » Ainsi il n'est pas nécessaire que l'obligation soit civile, une simple *naturalis obligatio* suffit pour que le gage puisse être constitué avec une complète efficacité.

Que dirons-nous de la *naturalis obligatio* naissant d'un prêt d'argent(1) fait à un fils de famille?

Il importe, avant de répondre à cette question, d'expliquer, ne fût-ce que d'une manière som-

pas trop sur quoi Gesterding a pu se fonder pour soutenir (Lehre vom Pfandrechte, p. 9, et suiv.) le contraire.

(1) Nous dirons un prêt d'argent, car la prohibition du S.-C. Macédonien ne parlait que sur le *mutuum* d'argent monnayé : « Ait enim Senatus mutuum pecuniam dedisset. » Pour tous les autres emprunts faits par un fils de famille, on appliquait les règles ordinaires, à moins qu'on n'eût caché un prêt d'argent sous une autre forme : « Sed si fraus sit Senatusconsulto adhibita, puta frumento... ut is distractis fructibus uteretur pecunia, subveniendum est filiofamilias. » L. 7, § 3, de S.-C. Maced. D. 15, 6.

maire, ce qu'on entend par *naturalis obligatio.*

Les textes de droit romain mentionnent souvent la *naturalis obligatio* qu'ils opposent en quelque sorte à l'obligation civile, mais ils n'en donnent nulle part une définition précise.

L'obligation civile est celle dont l'exécution est garantie par tous les moyens de sanction que les lois établissent. L'obligation naturelle est également reconnue par le législateur, mais il ne la sanctionne pas d'une manière aussi énergique; il lui refuse l'action et ne s'occupe d'elle que lorsqu'il y a eu exécution volontaire, ou lorsqu'il s'agit d'y appliquer certains faits accessoires, comme la fidéjussion. la novation, etc.

La théorie des obligations naturelles est due au droit prétorien et au travail de la jurisprudence, *disputatio fori.* Ce qui contribua surtout à la haute perfection qu'atteignit le droit romain en matière d'obligation, ce fut la philosophie stoïcienne. Le christianisme vient ensuite et fait disparaître les dernières traces de matérialisme que le stoïcisme avait laissé subsister.

Tout en corrigeant les *veteres juris iniquitates,* le droit prétorien ne parvint jamais à assimiler les obligations naturelles aux obligations civiles. Il est grave de manquer à la foi promise « *grave est fidem fallere;* » on rencontrait sans doute des cas dont l'équité demandait la reconnaissance, bien que le droit quiritaire refusait de les sanctionner. La théorie des obligations naturelles ne pouvait pas rester sans prendre des développements considérables; on a dû refuser d'abord la *condictio indebiti* après qu'il y avait eu exécution volontaire; puis on a permis d'ajouter au lien primitif des sûretés accessoires, comme le gage et la fidéjussion; enfin on a admis qu'on pourrait y trouver la base d'une novation, d'une compensation, etc. Mais, comme l'explique très-bien M. de Fresquet, les deux principaux caractères de l'obligation naturelle se sont toujours trouvés: 1° dans le refus d'une action ayant pour but de forcer le débiteur à exécuter; 2° dans le refus de la *condictio indebiti* après l'exécution volontaire.

Ceci dit, nous pouvons revenir à notre question. Le sénatus-consulte Macédonien avait déclaré que les fils de famille ne seraient pas tenus de rembourser les sommes d'argent qu'ils auraient empruntées, soit avec, soit sans intérêts. « Illud proprie servatur in eorum persona, quod senatusconsultum Macedonianum prohibuit, mutuas pecunias dari eis qui in parentis erunt potestate; et ei, qui crediderit, denegatur actio, tam adversus ipsum filium filiamve nepotem neptemve (sive adhuc in potestate sunt, sive morte parentis vel emancipatione suæ potestatis esse cœperint), quam adversus patrem avumve, sive habeat eas adhuc in potestate, sive emancipaverit. Quæ ideo senatus prospexit, quia sæpe onerati ære alieno creditarum pecuniarum, quas in luxuriam consumebant, vitæ parentum insidiabantur (*Inst.*, I, 3, t. 7, § 7.)

Suétone place le sénatusconsulte sous le règne de Vespasien. Tacite, au contraire, fait remonter ce sénatus-consulte à Claude : « Et lege lata sævitiam creditorum coercuit, ne in mortem parentum pecunia filiisfamiliarum fœnori darent. » (*Annales*, liv. XI, ch. XIII). Nous croyons, avec presque tous les auteurs, que cette mesure prohibitive remonte à Claude et que Vespasien n'a fait que renouveler la défense de prêter au fils de famille.

Une difficulté historique existe quant au nom du sénatus-consulte, lui-même : Bach et d'autres historiens prétendent que ce nom lui vient de Macedo, fameux usurier qui prêtait de l'argent aux fils de famille; ce serait, au contraire, d'après Hugo, d'un fils de famille, Macedo, qui avait tué son père pour payer ses dettes avec les biens composan tla succession.

Il n'est pas inutile de remarquer que le sénatusconsulte Macédonien refusait toute action au prêteur et à ses héritiers, quand le *mutuum* avait été fait à un fils de famille, mais il n'établit pas, à proprement parler, une incapacité d'emprunter, et cela est si vrai que le jurisconsulte Paul, en parlant de l'obligation du fils de famille qui a emprunté, contrairement au sénatus-consulte Macédonien déclare formellement qu'on ne peut pas répéter ce qui a été payé, « quia naturalis obligatio manet. » C'est bien là le caractère de l'obligation naturelle, quoiqu'il ne forme pas à lui seul un *criterium* infaillible. Ainsi le fils de famille qui a emprunté contrairement au sénatus-consulte Macédonien est lié naturellement. Mais alors ne peut-on pas dire que cette obligation est susceptible d'être garantie par un gage? La question doit être résolue par une distinction. Un fils de famille emprunte une somme d'argent, un tiers affecte un de ses biens en hypothèque pour la garantie de l'obligation; ce tiers ne pourra pas profiter du bénéfice du sénatus-consulte Macédonien si en engageant son bien, il l'a fait *animo donandi*, car il a par cela même affranchi le fils de famille de tout recours de sa part, et il ne sera pas protégé par un sénatus-consulte qui n'a pas été fait pour lui. Si, au contraire, le tiers qui a engagé son bien ne l'a pas fait *animo donandi*, il pourra invoquer le sénatus-consulte contre la validité de l'hypothèque, car sans cela on ne saurait lui refuser, par contre-coup, une action récursoire contre le fils de famille, et alors le sénatus-consulte manquerait complétement son effet.

Dans le cas du sénatus-consulte Velléien, on n'admettait pas que la femme fût liée, même naturellement, aussi lui permettait-on de répéter après avoir payé, et ceux qui avaient consenti une hypothèque pour garantie de l'obligation que la femme avait contractée pouvaient opposer le sénatus-consulte.

Mais pourquoi la loi protége-t-elle dans tous les cas, le tiers constituant pour une femme, en lui accordant l'exception tirée du sénatus-consulte Velléien, tandis que, malgré le secours du sénatus-consulte Macédonien, le gage constitué par un tiers sera valable toutes les fois que le constituant n'aura pas de recours contre le fils de famille? La raison est que le sénatus-consulte Velléien a été fait dans l'intérêt des femmes, et qu'il protège même leurs garants. Au contraire, le sénatus-consulte Macédonien a été fait moins dans l'intérêt des fils de famille qu'en haine de ceux qui leur prêtent de l'argent, ou de ceux qui encouragent ces prêts en offrant des garanties, aux prêteurs. Aussi, ces derniers ne sont-ils pas protégés toutes les fois qu'ils doivent souffrir seuls, qu'ils n'ont pas de recours, ni contre le fils de famille, ni contre son père.

Les obligations qui sont déclarées entièrement

nulles par le droit civil, ou celles qui sont paralysées par une « perpetua exceptio » introduite en leur faveur, comme les exceptions « doli mali « et quod metus causa, ne peuvent donner lieu à une hypothèque, à moins que, dans ce dernier cas le débiteur n'ait su qu'il avait une exception perpétuelle contre l'action du créancier, car alors la constitution du gage emporte renonciation au bénéfice de l'exception, en sorte que le droit de gage existe, pourvu que le constituant ait la capacité nécessaire pour cette renonciation.

Le gage ou l'hypothèque peut être établi, ainsi que nous l'avons déjà dit, non-seulement, pour une obligation pure et simple, mais encore pour une obligation future, ou pour une obligation dépendant d'une condition. « Sive pura est obli- « gatio, vel in diem, vel sub conditione, sed et « futuræ obligationis dari possunt » (l. 5. pr, D., h. t.). Quand la dette est conditionnelle, il faut distinguer si l'existence de cette dette dépend d'un événement subordonné à la volonté de l'une des parties. Dans ce cas, le droit de gage ou d'hypothèque ne commence à exister qu'au moment où l'obligation prend naissance ; hors de là, en règle générale, ce droit existe du moment où la constitution en a été faite, en ce sens que, sans pouvoir poursuivre la vente du gage avant l'échéance de la dette, le créancier pourrait, en cas de gage proprement dit, agir, même avant l'événement de la condition, pour recouvrer la possession de la chose engagée, s'il en avait été dépouillé.

On peut constituer un gage non seulement pour sa propre dette, mais encore pour celle d'autrui : « Dare autem quis hypothecam potest, sive pro sua obligatione, sive pro aliena » (l. 5 § 2. D. h. t.).

Enfin, le gage peut garantir non seulement la dette principale, et dans toute son étendue, en tant qu'il n'a pas été établi expressément pour une partie seulement, mais encore toutes les obligations accessoires, telles que les intérêts, clauses pénales, etc. (1), à moins que la constitution de gage n'ait été expressément limitée à la dette principale, ou à telle ou telle de ces obligations accessoires.

La loi 20, § 1, D (XII, 7) dit, qu'un gage peut, suivant la manière dont il a été constitué, être affecté à plusieurs obligations (2).

(1) L. 8 pr. et § 1, D. *De pign. act.* (XIII, 7); l. 13, § 6, D., *h. t.*; l. 18, D. *Qui pot. in pign.* XX, 4); l. 4, et l. 22, C., *De usuf.* (IV, 32); l. 6. C. *h. t.*

(2) L. 10, et l. 16, § 8, D., *h. t.* voy. *Sintenis*, § 49.

CHAPITRE V.

QUELLES CHOSES PEUVENT ÊTRE HYPOTHÉQUÉES.

Nous pouvons grever d'hypothèque les choses qui nous appartiennent. Au contraire, la constitution conventionnelle d'un gage sur la chose d'autrui dont on n'a pas la libre disposition est, en règle générale, nulle : « Nexum non facit prædiorum, nisi persona quæ jure potuit obligare. » Cependant il y a des cas où la chose d'autrui peut être hypothéquée valablement. C'est ainsi que la chose d'autrui pouvait être donnée en gage avec le consentement de celui à qui elle appartenait, et ce consentement pouvait intervenir après le contrat. (L. 20, ff. hoc lib., tit. 3, *De pign. act.* Paul., liv. 29, *ad ed.*) C'est cette hypothèque que Marcian prévoit lorsqu'il dit : « Si nesciente domino res ejus hypothecæ « data sit, deinde postea dominus ratum habue« rit, dicendum est hoc ipso quod ratum habet, « voluisse eum retro recurrere rati habitionem ad « illud tempus quo convenit. » Remarquons cependant que si le consentement du propriétaire de la chose était nécessaire, on n'exigeait pas qu'il fût exprès, son consentement tacite suffisait; mais il fallait toujours que ce consentement soit donné par celui qui pouvait donner un gage. Cela avait également lieu lorsque la constitution de gage était générale. La convention d'une hypothèque générale sur les biens présents et à venir était permise, parce qu'on sous-entendait cette condition : si ces objets deviennent la propriété du constituant.

Il en était de même enfin lorsque l'hypothèque consentie par le non propriétaire portait sur une chose que le débiteur avait l'espoir d'acquérir, par exemple, dont il était créancier. Ce cas est prévu par Papinien dans la loi 1, pr., qui accordait au créancier une action utile contre le débiteur de son débiteur; et quand la dette avait pour objet un corps certain, c'est-à-dire lorsqu'elle avait été donnée elle-même en gage au constituant, il conservait à titre de *pignus* ce qu'il s'était fait payer. (L. 18, pr., *De pign. act.*, Dig., 13-7.)

Etait également valable l'hypothèque conférée sur la chose d'autrui quand elle avait été constituée sous cette condition : « Si res debitori facta « fuerit. » (L. 16, § 7, D., *De pign.*)

Dans ces différentes hypothèses, le moment où commence l'hypothèque est celui de l'acquisition de la chose. Sintenis, o. c., p. 86 et 385, pense que, d'après la loi 3, § 1, D., dans le cas où le constituant avait déjà, au temps de la constitution d'hypothèque une créance sur la chose, le commencement du droit de gage est, après l'acquisition de la chose, reporté au temps de sa constitution. L'opinion contraire nous paraît préférable par la raison que, dans le cas même où le constituant avait déjà, au moment de la constitution d'hypothèque, un droit de créance sur la chose, l'acquisition de cette chose dépendant uniquement de sa volonté, c'est à ce moment qu'il fallait avoir égard pour régler les effets de l'hypothèque, car une condition dont l'accomplissement n'est pas possible sans la volonté du constituant ne rétroagit pas, dans ses effets, au jour de la constitution d'hypothèque. (L. 9, § 1, et L. 11, D.)

En dehors de ces hypothèses, le créancier, au profit duquel le débiteur avait hypothéqué la chose d'autrui, n'aura pas d'action hypothécaire, quand même ce débiteur deviendrait plus tard propriétaire de cette chose.

Nous avons donné la raison pour laquelle la chose d'autrui ne pouvait pas être hypothéquée, tandis qu'elle pouvait être vendue; il n'est plus nécessaire de revenir sur cette question.

Mais la convention par laquelle un débiteur avait hypothéqué la chose d'autrui sera dépourvue de tout effet. Voilà la réponse que Papinien donne à ce sujet : « In speciem autem

« alienæ rei collata conventione, si non fuit ei « qui pignus dabat, debita, postea debitori domi- « nio quæsito, difficilius creditori, qui non igno- « ravit alienum, utilis actio dabatur ; sed facilius « erit possidenti retentio (l. 1, pr, *De pign. et « hyp.* » . Il résulte donc de ce texte que le droit de rétention lui sera facilement accordé s'il possède la chose. Il n'obtiendra, au contraire, que *difficilius* une action hypothécaire *utilis*. Toutefois il est nécessaire de bien préciser la portée de l'expression *difficilius*. Plusieurs personnes ont prétendu que Papinien, par l'emploi du mot *difficilius*, ne refusait pas catégoriquement au créancier de mauvaise foi l'action *utilis*. Il est certain que le terme *difficilius* se prête, au premier abord, à une semblable interprétation, car dire que ce n'est qu'avec difficulté qu'il obtiendra une action *utilis*, c'est dire par là même qu'il pourra l'obtenir quelquefois. Mais bien qu'une pareille interprétation paraisse résulter du texte même de la loi, nous croyons qu'elle doit être rejetée, et qu'il faut considérer le mot *difficilius*, dans la pensée de Papinien, comme un refus d'action. En effet, d'après les principes rigoureux, aucune action ne devrait être accordée au créancier, dans le cas d'une hypothèque consentie sur la chose d'autrui. Une dérogation est admise, mais elle ne doit être appuyée que sur des considérations d'équité, et l'équité exige assurément qu'on vienne au secours du créancier de bonne foi par une action *utilis*. « Æquitatem facere ut utiles persecu-« tio datur. » Comment croire, dès lors, que cette dérogation ait eu lieu pour venir en aide au créancier de mauvaise foi ? Cela ne se peut pas. Que le créancier de mauvaise foi jouisse du droit de rétention, quand il possède la chose, j'en conviens, il est juste que l'exception de dol le protège contre l'action en revendication exercée par le débiteur, car si le créancier est de mauvaise foi, le débiteur est au moins en faute d'avoir hypothéqué ce qui ne lui appartenait pas.

La pensée de Papinien se trouve reproduite par Paul dans la loi 41 *De pign. act.* « Sed si conve-« nisset de pignore, ut ex suo mendacio argua-« tur, improbe resistit, quominus utilis actio « moveatur. »

Nous tenons même pour constant que les différents textes où il est question de « l'*actio utilis* » supposent tous la condition de bonne foi de la part du créancier; car il est difficile de croire que le relâchement des principes soit allé jusqu'à confondre le créancier de bonne foi avec le créancier de mauvaise foi.

Cette explication donnée, nous pouvons facilement concilier l'action *utilis* donnée au créancier de bonne foi avec le principe de droit : *Quod ab ini-*

tio non valet, ex post facto convalescere non potest. Ce principe cessait d'être applicable toutes les fois qu'il y était dérogé par une loi spéciale ou une constitution.

Ainsi, en résumé, le créancier de bonne foi aura une action *utilis,* cette action n'appartient jamais au créancier de mauvaise foi, le droit de rétention lui sera accordé s'il possède la chose « *facilius erit passidenti retentio.* »

L'utilis actio dont il est question ici n'appartiendrait au créancier hypothécaire, d'après Mayer (*Archiv. f. d. civil, Prax.,* l. IX. p. 236, *Muhlenbruch, Doctrina Pandect* , § 308, *note* 9, *et Sinten. o. c.* p. 87 et 90), qu'aussi longtemps que la chose hypothéquée reste dans les biens du débiteur. Ces auteurs se sont fondés pour soutenir ce système sur la loi (9 § 3, D., *qui potior in pign* XX, 4.) Il nous paraît difficile de nous ranger à ce système, surtout quand on n'a pour le soutenir que le § 3 de la loi 9, parce qu'il a le défaut d'introduire une distinction qui, non-seulement n'est pas justifiée par la teneur du texte, mais qui est encore contraire au but de l'action *utilis* elle-même.

Il n'en est pas de même du créancier qui savait que la chose qu'on lui hypothéquait était à autrui; il n'a pas même après que le débiteur en a acquis la propriété une *utilis actio*, mais seulement un droit de rétention dans le cas où il aurait obtenu la possession, à moins que le débiteur n'eût déjà, au moment de la constitution d'hypothèque, un droit de créance sur cette chose (1).

Ainsi le créancier savait que la chose qu'on lui hypothéquait était à autrui, il n'aura pas d'action hypothécaire utile, il pourra seulement invoquer un droit de rétention. Ce droit, il le fera valoir au moyen de l'exception de dol qu'il opposera au débiteur, si celui-ci agit en revendication contre lui. Pourra-t-il l'opposer aux autres créanciers auxquels le débiteur aurait hypothéqué valablement cette chose, depuis qu'elle est devenue sienne? La négative nous paraît évidente. L'exception de dol de l'auteur ne doit pas nuire à son successeur quand celui-ci ne veut pas réaliser un bénéfice.

Le droit de rétention accordé au créancier ne présenterait aucune difficulté si nous n'avions que la loi 1, pr. Mais la loi 25 D. *de pign. et hyp.* paraît faire opposition à la solution que nous avons adoptée. Cette loi est en effet ainsi conçue : « Cum vitiose vel inutiliter contractus pignoris intercedat, retentioni locus non est, nec si bona creditoris ad fiscum pertineant. » Cette

(1) L. 1, p. D. *h. t.*

contradiction cependant n'est qu'apparente. La loi 1 prévoit le cas d'une constitution de gage, défectueuse, sans doute, mais que le préteur protège en accordant un droit de rétention et quelquefois même une action hypothécaire utile. Il s'agit, au contraire, dans la loi 29 du cas où le mari contrairement à la loi Julia, aurait constitué un droit de gage sur le fonds dotal. C'est à cette hypothèse que réfère la loi 25 lorsqu'elle refuse au créancier le droit de rétention, le gage ayant été constitué *vitiose vel inutiliter*.

On s'est demandé si celui qui a reçu une hypothèque sur la chose d'autrui pouvait avoir une action hypothécaire utile contre le propriétaire de la chose qui viendrait à succéder au débiteur. L'affirmative ne nous parait pas douteuse. C'est ce que décide Modestin dans la loi 22 de notre titre. Si Titio, qui rem meam ignoranti creditori suo pignori obligaverat, heres extitero, ex post facto pignus directo quidem non convalescit, sed utilis pignerititia dabitur creditori. Cependant Paul dans la loi 41, *D.*, *De pign. act.* adopte une décision diamétralement opposée à celle de Modestin. Voilà en effet ce qu'il nous dit : Rem alienam pignori dedisti, deinde dominus rei ejus esse cœpisti, datur utilis actio pigneratitia creditori. Non est idem dicendum si ego Titio qui rem meam obligaverat sine mea voluntate, heres exti tero; hoc enim modo pignoris persecutio concedenda est creditori, neque utique sufficit ad competendam utilem pigneratitiam actionem eumdem esse dominum, qui etiam pecuniam debet. » En présence de ce texte de Paul, la question devient plus délicate, nous en convenons, car l'action hypothécaire est formellement refusée au créancier. En effet, l'héritier de la personne qui a hypothéqué la chose d'autrui, doit échapper à l'action hypothécaire, attendu qu'il est à l'abri de tout reproche. Il est, au contraire équitable d'accorder l'action dans le cas où celui qui a affecté la chose d'autrui en est devenu ensuite propriétaire, parce qu'il serait malhonnête de la part de celui qui a hypothéqué d'argumenter de sa mauvaise foi.

Que faut-il dire en présence de ces deux textes? Nous reconnaissons avec Cujas et Pothier, et nous adoptons cette solution, que les deux lois sont contradictoires et qu'il y avait divergence d'opinion entre Modestin et Paul. Cette diversité de doctrine tient à ce que ces deux jurisconsultes ne vivaient pas à la même époque, et il est probable qu'au temps de Paul on n'accordait pas encore d'action hypothécaire utile au créancier dans l'espèce qui nous occupe, tandis qu'on la lui donnait du temps de Modestin qui vivait sous les Gordiens. Il ne faut pas accepter absolument l'illusion de Justinien, dans le jugement qu'il porte sur son œuvre. Des contradictions existent pour sûr dans le corps des lois romaines, l'immensité du travail et la rapidité avec laquelle il fut accompli les excuses nécessairement, et nous ne pourrions les nier, au risque de nous lancer dans les conciliations les plus hasardées. C'est, sans doute, par mégarde que les rédacteurs des Pandectes ont inséré, à la fois, dans leur ouvrage et l'avis abandonné de Paul et la décision de Modestin. Ce qui nous porte surtout à croire à cette diversité de doctrine entre les deux jurisconsultes, c'est que la loi 22 est tirée des *Libri differentiarum* de Modestin, ouvrage dont le titre indique les espèces sur lesquelles il devait y avoir souvent division entre les jurisconsultes.

Nous devons dire, cependant, qu'on n'a pas été sans essayer de concilier ces deux textes. C'est en faisant connaître, ou plutôt en réfutant les systèmes qui ont été présentés pour concilier les lois de Paul et de Modestin, que nous donnerons plus de force au nôtre.

Doneau et Noodt, après Accurse, ont prétendu lever cette antinomie en disant que les jurisconsultes Paul et Modestin n'ont pas eu en vue la même action. Dans l'opinion de ces auteurs, Modestin dans la loi 22, suppose un *pignus* constitué par tradition et accorde au créancier contre l'héritier l'action *pigneratitia contraria*. Quant à l'action hypothécaire, il ne s'en occupe pas. Ce système, assurément, n'est pas admissible. Pour accorder l'action *pigneratitia contraria* au créancier, il faut un contrat de gage formé par tradition, et pour sûr ce n'est pas cela que suppose le jurisconsulte dans la loi 22, lorsqu'il nous dit : « Si Titio qui rem meam ignorante creditori suo « pignori obligaverat. » Il prévoit, au contraire, le cas d'une constitution d'hypothèque par convention, sans tradition, et cela est si vrai que nous voyons les expressions de *pignori dederi* employées, quand il s'agit d'un contrat de gage formé par tradition. Dès lors comment soutenir que le jurisconsulte a entendu parler de l'action *pigneratitia contraria?* Ce qui nous assure encore davantage que ce n'est pas l'action *pigneratitia* que le jurisconsulte avait en vue, c'est qu'il qualifie cette action d'utile. La place qu'occupe cette loi prouve enfin que le jurisconsulte n'a pas voulu parler de l'action *pigneratitia contraria*, dont il est traité spécialement au tit. 7 du liv. 13.

Un autre système a été présenté par Favre et Voet. Les partisans de ce système admettent que les deux jurisconsultes ont en vue l'action hypothécaire. Mais Modestin supposerait uniquement que l'hypothèque a eu lieu à l'insu du propriétaire, tandis que Paul se placerait en présence de l'héritier, dont la chose aurait été hypothéquée contre sa volonté. Ce système, à le supposer vrai, se fonderait sur ces termes : *sine voluntate mea* et sur la version latine des Basiliques *contra voluntatem meam*. Nous avons de la peine à comprendre qu'un pareil sens puisse résulter des termes des deux lois, sans les forcer de bien près. Et cela fût-il exact, n'est-il pas encore vrai de dire que l'absence du consentement de la part du propriétaire est le même, soit qu'il n'ait pas connu l'hypothèque, soit qu'il l'ait connue et se soit opposé. Non, assurément, ce système n'est pas sérieux.

Buchel, s'appuyant sur le texte même de la loi 41, declare que le jurisconsulte Paul, de même que Modestin dans la loi 22, accorde l'action hypothécaire au créancier : sèulement, en l'accordant il ne le faisait, par le même motif, qu'à l'encontre du débiteur originaire. Tel est le sens des mots : « Hoc enim modo pignoris persecutio « non est concedenda creditori. » Dans l'hypothèse prévue par la loi 41, on donne au créancier l'action hypothécaire utile, parce que, pour le repousser, le débiteur serait obligé d'invoquer son dol ; dans le second cas, on l'accorde, parce que l'héritier est tenu de reconnaître le fait de son auteur. Nous préférons la décision de Modestin pour les raisons que nous venons de donner, nous la préférons encore par l'analogie assez directe qui existe entre ce cas et l'hypothèse où le défunt aurait vendu la chose de son héritier; nous la préférons enfin parce que nous la trouvons confirmée par deux constitutions, l'une de Dioclétien et l'autre de Gordien. (L. 14, *De rei vind.*, C. 2-33 et 14, *De evict.*, C. 8-15.)

Glüch cependant, repoussant l'analogie qui existe entre ces deux hypothèses, s'attache à la doctrine de Paul, qu'il déclare plus juridique. Ce qui l'autorise surtout à repousser cette analogie, ce sont des lois romaines qui, à propos d'une autre hypothèse, distinguaient entre ces deux cas. C'est ainsi, par exemple, que celui qui avait cautionné la vente de la chose d'autrui ne pouvait pas, lorsqu'il devenait propriétaire, évincer l'acheteur. Il n'était pas interdit, au contraire, à l'héritier du fidéjusseur de revendiquer, en pareil cas, sauf à indemniser l'acheteur (1). Il en est de même, dit Glüch, de l'hypothèse prévue par Paul. La volonté de créer un droit réel ne manque pas quand le débiteur, non *dominus* au moment de la convention, est devenu plus tard propriétaire. Il n'en est pas de même de l'héritier, celui-ci peut bien être tenu des obligations contractées par son auteur; mais le fait d'adition d'hérédité ne peut pas créer un droit réel

(1) L. 11 et 31, *de evict.*, C. (8-45)

pour lequel la volonté du propriétaire est indispensable. Nous reconnaissons bien qu'il est permis de distinguer entre les deux cas ; mais nous préférons la doctrine de Modestin qui, loin de contrarier celle de Paul, la confirme plutôt. Que nous dit il autre chose, en effet, dans ces mots qui expriment toute sa pensée : « Pignus quidem « directo non convalescit? » si ce n'est qu'il accorde une action utile par des raisons d'équité, et cela parce qu'il s'agit d'une déviation aux règles du droit. En effet, s'il est vrai que la volonté du propriétaire est indispensable pour créer un droit réel, n'est-il pas tout aussi vrai de dire que le fait d'adition d'hérédité implique jusqu'à un certain point la volonté de créer ou de reconnaître ce même droit, précédemment établi par son auteur, volonté sans doute non pas expresse comme dans le cas de la convention, où le débiteur non *dominus* a consenti une hypothèque, quand il ne pouvait pas la donner, mais tacite, bien entendu et pouvant justifier suffisamment l'action utile, action accordée par des considérations d'équité, comme nous l'avons dit plus haut.

Mayer est arrêté également par cette question importante, mais, au lieu d'en présenter la solution, il se borne à semer le texte de Paul de points d'interrogation, et à substituer, ainsi que le remarque avec beaucoup de raison M. Machelard, une série de questions à la solution positive que nous retrouvons dans les *Basiliques.*

Huschke, plus fidèle au jugement que Justinien porte sur son œuvre, supprime la contradiction en ajoutant une négation au fragment de Modestin. L'opinion de Huschke est la plus héroïque, nous en convenons, mais pour sûr, nous ne saurions l'admettre, elle est contraire à tous les manuscrits, ainsi qu'à la version des *Basiliques* qui s'opposent formellement à cette transformation du texte. Ce dernier système a eu pendant bien longtemps de nombreux partisans, mais aujourd'hui les auteurs sont presque tous d'accord pour admettre sur ce point une divergence d'opinion entre Paul et Modestin. Cette diversité de doctrine, ainsi que l'explique très-bien notre savant maître, M. Machelard, n'a rien qui doive nous étonner, si l'on considère qu'il s'agit d'une difficulté qui, depuis bien des siècles, a encore le privilége de partager les esprits (1).

(1) Voir ci-dessus.

CHAPITRE VI.

QUELLES CHOSES NE PEUVENT ÊTRE HYPOTHÉQUÉES.

Les choses qu'on ne pourrait pas acheter, le commerce n'en étant pas permis, ne peuvent pas être hypothéquées (1).

Il y a cependant plusieurs choses qui, sans être soustraites au commerce, comme les choses *divini juris,* par exemple, ne peuvent pas être hypothéquées ; telles sont :

1° Les choses dont l'engagement est défendu (2) par une loi, comme les choses litigieuses (3). Cette prohibition, appliquée d'abord aux immeubles, fut plus tard admise par rapport aux choses mobiliaires. Si, contrairement à la prohibition de la loi, une chose litigieuse avait été hypothéquée, Octavenus et Scævola pensaient que le débiteur pouvait repousser le créancier par l'exception *litigiosæ rei* (Lib. 44, tit. 6, *De litigios.*)

(1) Le créancier qui consentait sciemment à recevoir en gage, une chose soustraite au commerce, comme par exemple, une chose de droit divin, un terrain religieux, un homme libre, était puni de la relégation De plus, la nov. 134, le déclare déchu de sa créance et le condamne à payer égale somme à l'homme libre qui a été indûment hypothéqué.

(2) L. 7, C. *De reb. alen. non alienand.* 14-51.

(3) L. 1, § 2. D. h, t. 20-3; l. 4, C. *De litig.* 8-37.

La loi 18 *De rei vend.* paraît contraire au principe qu'on ne peut donner les choses litigieuses en gage; mais cela doit s'entendre du cas où la chose litigieuse est donnée en gage pour une de ces causes en vertu desquelles l'on pourrait aussi la vendre, comme les choses données en dot, etc.

L'ordre du magistrat, la volonté d'un testateur et enfin la convention des parties peuvent également soustraire au droit d'hypothèque des choses qui pourtant sont dans le commerce.

II. Les hommes libres ne peuvent pas être hypothéqués (1). Cependant la loi 20 au Code *De postliminio reversis,* établit une sorte de droit de gage sur l'homme libre *ab hostibus redemptus,* jusqu'à ce qu'il ait remboursé sa rançon, ou qu'il se soit libéré par un travail de cinq ans (2).

III. Les prix espérés par les athlètes ne peu-

(1) Paul sent. V. 1, § 1; l. 5, D. h. t. 20-3; nov. 134, C. 7.

(2) Celui qui avait été racheté de la captivité chez l'ennemi (ab hostibus redemptus), se trouvait affecté d'une sorte de droit de gage envers le rédempteur : il ne recouvrait dans toute son intégrité son ancien droit d'ingénuité que lorsqu'il remboursait la rançon ou qu'il s'acquittait par un travail de cinq ans. l. 20, § 1, *in fin. D. qui testam. fac. pos.* 28-1 l. 15, l. et 19 § 9, D. *De captiv.* 49, 15; l. 2, l. 11, l. 13, l. 20, C. *De postlim. rev.* 8, 51.

vent pas non plus être hypothéqués. Il était défendu de donner en gage l'espoir de remporter le prix dans l'arène, afin que l'athlète ne combatte pas moins courageusement : toutefois on lui permet d'engager le prix quand il l'a remporté.

Il est question, au titre *De la chose jugée*, liv. 44, de toutes les autres choses qui ne peuvent pas être données en gage.

CHAPITRE VII.

EFFETS DU DROIT DE GAGE OU D'HYPOTHÈQUE.

Droits du constituant ou du débiteur gagiste ou hypothécaire.

Avant comme après la constitution de gage, le constituant conserve la propriété de la chose engagée ou hypothéquée, jusqu'à ce qu'elle soit régulièrement vendue ou adjugée au créancier. (L. 12, pr. in-f., D., *De dist., pign.* 20-5 ; l. 35, § 1 ; D., *De pign. act.*, 13-7 ; l. 9., C. *eod.* 4-24.)

De là il résulte :

I. Que les risques de la chose, les augmentations ou diminutions essentielles sont pour le compte du constituant. (L. 21, § 2 ; D., *De pign.*)

II. Qu'il conserve la jouissance et l'usage de

la chose hypothéquée. (L. 1 et l. 3, C. *De pign. act.*, 4-24.)

Ce droit cependant pouvait être transféré au créancier hypothécaire. C'est ainsi, par exemple, que le créancier peut se procurer la possession par le moyen qui résulte du droit de gage, lorsque la dette étant devenue exigible, il n'avait pas reçu le paiement. (L. 12, pr., D., *Qui potior in pign.*, 20-1 ; l. 66 ; pr., D., *De evict.*, 21-2.) La position du créancier hypothécaire devient semblable pour l'essentiel, à celle du créancier gagiste, du moment qu'il a obtenu la chose en vertu de son droit d'hypothèque ; mais il ne doit pas se procurer la possession de la chose hypothéquée de sa propre autorité, quand même cela lui serait permis par la convention ; il doit recourir à l'autorité du magistrat. Il est à remarquer, cependant, que si le créancier se met lui-même en possession sans recourir à l'autorité du magistrat, il ne sera pas accusé d'une violence criminelle, comme dans le cas où il aurait enlevé le gage en dehors de toute convention, puisqu'il a pour lui-même la volonté du débiteur. Ce sera donc par l'interdit *momentaneæ possessionis*, et non pas par l'interdit *unde vi*, qu'il sera tenu de rendre la possession.

III. Qu'il peut la grever de servitudes, en tant

qu'il n'atteint pas le droit du créancier, et l'affecter à des nouvelles hypothèques.

Cependant, celui qui hypothéquait de nouveau sa chose devait, pour éviter le crime de stellionat, avertir ce second créancier que la chose qu'il lui hypothéquait a déjà été engagée à un premier créancier, à moins que la valeur de la chose ne soit assez considérable pour fournir à ce dernier créancier une sûreté suffisante. Müller, dans *Arch. f. d. Civil. Prax.*, t. 11, p. 388 et suiv., et Von Lœhr, *ibid.*, t. 14, p. 168 et suiv., pensent que, dans l'ancien droit, une seconde constitution d'hypothèque ne pouvait être regardée que comme une constitution conditionnelle, qui ne produisait son effet qu'après l'extinction de la première hypothèque, si la chose se trouvait encore alors dans les biens de celui qui l'avait affectée ; la même décision devrait, d'après ces auteurs, être appliquée au nouveau droit romain. Les arguments invoqués à l'appui de cette opinion sont tirées de la loi 9, § 3, D. *Qui potior in pign.*, 20-4 ; mais assurément Müller et Von Lœhr se trompent lorsqu'ils regardent la seconde constitution d'hypothèque comme une hypothèque conditionnelle. Les lois 36, D., *De pign act.*, 13-7 ; l. 15, § 2, D., *De pign.*, 20-1 ; l. 3, § 3 D., *Stellionat.*, 47-20 ; et les lois 1 et 4, C. *De crim. stellion*, 9-34, sont contraires au système de ces deux auteurs. Quant à la loi 9, § 3, D., *Qui potior in pign.*, 20-4, on n'a rien non plus à y conclure, vu qu'elle prévoit une hypothèse tout à fait différente. Il y est, en effet, question de l'engagement de la chose d'autrui, circonstance tout à fait différente, et qui ne suppose d'aucune manière une seconde constitution d'hypothèque sur une chose déjà hypothéquée.

Nous adoptons, au contraire, l'opinion de Müller pour le cas où le débiteur, en constituant une seconde hypothèque sur une chose déjà affectée hypothécairement à un premier créancier, a déclaré hypothéquer cette chose pour l'excédant. Si le premier créancier vient à être payé, sans recourir à son droit de gage, l'hypothèque constituée au profit du deuxième créancier grèvera la chose tout entière.

Cette solution est adoptée par Gaïus, et elle est aussi équitable que logique. L'excédant comprend en effet ce qui resterait de la chose après qu'elle serait débarrassée de l'hypothèque du premier créancier. Or, si celui-ci est payé autrement que par le prix du fonds, il reste entièrement libre ; la totalité de l'objet doit donc être soumise au droit de gage.

IV. Que le constituant peut aliéner la chose,

à moins que le contraire n'ait été expressément convenu.

Autrefois, la *fiducia* tout, en étant dans la propriété du créancier, le débiteur pouvait la vendre; seulement il fallait que le prix de la vente fût payé au créancier, afin de pouvoir exiger que celui-ci lui retransférât solennellement la chose, et de pouvoir la livrer lui-même à l'acheteur.

Le constituant pouvait également aliéner la chose hypothéquée. Cependant, s'il la vend sans la volonté et à l'insu du créancier, l'hypothèque la suivra entre les mains du nouveau propriétaire, l'aliénation n'aura lieu qu'avec la charge de l'hypothèque, *cum causa sua, l.* 18. § 2, *D. De pign. act.* 13-7 ; l. 15. C. *De pign.* 8-14 ; l.10 C. *De remiss. pign.* 8-26 ; l. 12 C. *De distr. pign.*, 8-28 ; l. 4 C. *De evict.*, 8-45.

Si le débiteur vend sans la volonté et à l'insu du créancier, une chose mobilière spécialement hypothéquée (1), il se rend coupable de vol, bien que sur sa propre chose, ce qui n'empêche

(1) Il y avait exception à cette règle quand c'était une boutique, un fonds de commerce qui avait été hypothéqué. Cette exception avait été admise pour favoriser le commerce qui aurait été paralysé si les marchandises devaient rester affectées au droit de gage après leur aliénation.

cependant pas la translation de la propriété à l'acquéreur.

Quant à l'affranchissement d'un esclave spécialement hypothéqué, fait sans le consentement du maître, il était absolument dénué d'effet.

V. Qu'il peut revendiquer la chose hypothéquée contre les tiers autres que le créancier, et même contre ce dernier, s'il s'attribue injustement la possession de la chose, ou s'il la garde après qu'il a été pleinement satisfait. L. 40 pr. *D. De pignor. act.*, 13-7 ; l. 205. *D. De regul. jur.* 50-17 ; l. 9, C. *De pign.*, 8-14.

CHAPITRE VIII.

Droits du créancier gagiste ou hypothécaire.

Le droit du créancier gagiste ou hypothécaire consiste dans la faculté de vendre le gage, afin de se payer sur le prix, dans le cas où il ne serait pas complétement satisfait par le débiteur au terme fixé. Ce droit de vendre devient si essentiel à la convention de gage ou d'hypothèque, que le pacte *ne vendere liceat* ne pourrait pas lui-même l'enlever au créancier. L. 8 § 5 *De pign. act.*, 13-7 ; l. 6 *et* l. 14 C. *De dist., pign.* 8-28 ; l. 1 *et* l. 2, C. *Debitor. vendit. pignor. imped. non posse*, 8-29. Il résulte encore de la l. 8 *D. De distr. pign.*, 20-5, que si plusieurs choses ont été engagées au créancier, celui-ci peut vendre celle qu'il veut.

Le créancier ne peut pas être forcé de vendre, alors même qu'il se présenterait une occasion avantageuse ; il peut, si bon lui semble, retenir le gage jusqu'à ce qu'il ait été pleinement satisfait. Que le créancier veuille vendre ou se con. tenter seulement de la possession, il peut demander la possession du gage contre tout détenteur, et même avant l'échéance de la dette, s'il s'agit d'un gage proprement dit. Il ne pourra, au contraire, s'il s'agit d'une hypothèque, obtenir la possession du gage qu'après l'échéance de la dette. « *Si paciscatur creditor, ne intra annum pecuniam petat, intelligitur de hypotheca quoque idem pactus est.* L. 5, § 1, *D. Quib. mod. pign.* On suppose, dans ce cas, que le terme *mis à l'exercice de l'action personnelle* s'étend aussi à l'exercice de l'action hypothécaire. Et qu'on ne dise pas que la loi 5 que nous avons citée plus haut est en contradiction avec la loi 14, *D. De pign.* « *Quæsitum est, si nondum dies pensionis* « *venit, an et medio tempore persequi pignore per-* « *mittendum sit. Et puto dandam pignoris persecu-* « *tionem, quia interest mea ; et ita Celsus scribit.* » Il est, en effet, question dans la loi 14, d'un gage proprement dit ; aussi la loi décide-t-elle que si le créancier gagiste vient à perdre la possession de la chose, il pourra intenter une action, même avant l'échéance de la dette, pour recouvrer cette chose. « Puto dandam pignoris persecutionem, quia interest mea. » Autre est, au contraire, le cas prévu par la loi 5 : le créancier est simplement hypothécaire, il s'est contenté d'un simple pacte d'hypothèque, mais il n'a pas été mis en possession. Nous n'avons qu'à lire le texte pour nous assurer qu'il est simplement question d'un pacte d'hypothèque : « Intelligitur de hypotheca quoque idem pactum esse. » Le créancier n'a pas exigé la possession immédiate de la chose, dès lors, le terme qui retarde l'exercice de l'action personnelle doit suspendre également l'exercice de l'action hypothécaire.

Le texte est donc bien précis pour nous dispenser de chercher une autre conciliation et soutenir, comme plusieurs ont essayé de le faire, que le créancier peut intenter l'action hypothécaire même avant l'échéance du terme. « Medio « tempore persequi pignora permittendum sit, » si la chose court des dangers entre les mains du débiteur? Il est certain, que si la chose court des dangers entre les mains du débiteur, la créance sera compromise, et que l'exercice anticipé de la « pignoris persecutio, » fondé sur des considérations d'équité, préviendra souvent le danger auquel est exposé le créancier. Ces considérations, si puissantes qu'elles soient, doivent être rejetées, car elles ouvriraient la porte à de nombreux procès; les créanciers trouveraient en effet un moyen de priver les débiteurs de la possession de l'objet hypothéqué sous le prétexte qu'il court des dangers entre leurs mains. Au reste, le créancier pouvait facilement prévoir, au moment du contrat, si l'hypothèque était insuffisante pour garantir sa créance, et s'il avait le moindre doute, exiger un gage proprement dit. S'il ne l'a pas fait, il est en faute ; qu'il subisse sa loi. Quant aux arguments tirés du texte de la loi 14, ils ne peuvent pas nous embarrasser non plus ; nous n'avons, en effet, qu'à lire cette loi pour rester convaincus que le cas qu'elle prévoit est tout simplement celui d'un gage proprement dit.

A défaut d'autres textes plus concluants, nous sommes autorisés à considérer cette conciliation comme tout à fait dénuée de fondement.

Si la dette garantie par une hypothèque est conditionnelle, le créancier ne peut agir qu'après l'arrivée de la condition, car la condition empêche, non pas l'exigibilité de la créance, mais son existence elle-même. Il succombera donc s'il intente l'action hypothécaire.

Néanmoins, la condition venant plus tard à se

réaliser, le créancier pourra intenter de nouveau l'action hypothécaire, sans avoir à redouter qu'on le repousse en invoquant la *plus petitio*. Il est facile de voir pourquoi les principes du droit sur la *plus petitio* ne seront pas applicables dans notre hypothèse : le créancier n'a pas abusé en demandant plus qu'il ne lui était dû, en exerçant une action qui n'existait pas encore. L'avènement de la condition, rendant à la dette l'existence qui lui manquait, le créancier pourra l'intenter sans avoir rien à craindre.

Qu'il veuille vendre ou se contenter de la possession, le créancier, avons-nous dit, peut demander, contre tout détenteur, la possession du gage, et même avant l'échéance de la dette s'il s'agit d'un gage proprement dit.

Un point qui mérite d'être étudié avec attention est celui de savoir quelle était l'étendue du droit de rétention. Avant le rescrit de Gordien, le gage donné pour sûreté d'une première dette était également affecté à la sûreté de la seconde. Cette solution était en effet très logique. Si le créancier, prêtant pour la première fois, exige un gage pour la sûreté de sa créance, c'est qu'évidemment il n'a pas une grande confiance dans le crédit du débiteur : un emprunt postérieur est bien loin de prouver une prospérité dans les affaires du débiteur; il est dès lors naturel de supposer que si le créancier n'a pas demandé un nouveau gage en stipulant le nouvel emprunt, c'est qu'il a pensé que le premier répondrait des dettes et serait suffisant pour en assurer le paiement.

Il n'en serait pas de même si les deux dettes ayant été contractées l'une et l'autre sans sûreté particulière, ce n'est qu'après que la seconde a existé que le créancier a exigé un gage pour la sûreté de la première : le gage ne répondra point de la seconde dette. On ne peut pas, en effet, dans cette hypothèse, présumer une affectation tacite de gage à la seconde dette. Il paraît, d'après le rescrit de Gordien (*l. unic.*, *C. Etiam a chirographis*), cité plus haut, que le créancier pourrait retenir le gage même à raison des créances autres que celles pour lesquelles il a été constitué. Nous avons étudié ce rescrit dans son entier, et nous pouvons affirmer qu'il ne nous paraît pas avoir la portée qu'on lui attribue. Reproduisons-le ici pour pouvoir l'expliquer dans ses parties, et voir s'il contient une dérogation aux exposés ci-dessus. « Pignus intercidit, si novatione facta in « alium jus obligationis transtulisti, nec ut ea « res pignoris nomine teneretur, tibi cautum est. « Quod si pactum inter te, eumque, qui postea « dominus fundi constitutus, novam obligatio- « nem susceperat, intercessit, ut idem fundus « tibi pignoris nomine teneretur : quamvis per-

« sonali actione expertus feceris condemnatio-
« nem: pignoris tamen habes persecutionem. At
« si in possessione fueris constitutus : nisi ea
« quoque pecunia a debitore reddatur, vel offe-
« ratur, quæ sine pignore debetur ; eam resti-
« tuere propter exceptionem doli mali non coge-
« ris. Jure enim contendis, debitores eam solam
« pecuniam, cujus nomine ea pignora, obligave-
« runt offerentes, audiri non oportere, nisi pro illa
« etiam satisfecerint, quam mutuam simpliciter
« acceperunt; quod in secundo creditore locum
« non habet. Nec enim necessitas ei imponitur chi-
« rographarium, etiam debitum priori creditori
« offerre. » « Vos droits sur le gage sont éteints
« si, par l'effet d'une novation, ayant reconnu et
« accepté pour tenir la place de votre débiteur le
« créancier de ce dernier, vous ne vous êtes point
« réservé les mêmes gages qui vous avaient été
« donnés pour sûreté de votre créance par votre
« premier débiteur; mais s'il a été convenu entre
« vous et celui qui est ensuite devenu proprié-
« taire du fonds qui vous avait d'abord été en-
« gagé, et qui pour cela s'est chargé d'acquitter
« votre créance en place de votre débiteur, que
« ce même fonds resterait, malgré la novation,
« toujours obligé à votre créance, vous pouvez
« exercer vos droits sur ce même fonds comme
« vous étant obligé, quoique vous ayez déjà

« été déclaré par une sentence n'avoir point « d'action personnelle. Si, quoique vous ne soyez « convenu de rien avec votre débiteur, vous avez « été mis en possession du fonds, vous ne pou-« vez être contraint, à cause de l'exception de « dol, de restituer cette possession ; à moins « qu'on ne vous paie ou qu'on ne vous offre de « payer non-seulement la dette pour laquelle le « fonds vous a été obligé, mais encore les autres, « s'il y en a, pour lesquelles il n'y a pas eu obli-« gation de gage : car c'est avec juste raison que « vous prétendez que les gages ne doivent pas être « restitués aux débiteurs par cela seul qu'ils ont « payé la dette pour laquelle les gages avaient été « donnés ; mais qu'ils doivent, s'ils veulent qu'on « les leur restitue, payer aussi les dettes pour « lesquelles il n'y a pas eu obligation de gage. « Cette disposition n'a pas lieu lorsque c'est le « second créancier qui paye le premier pour ac-« quérir son privilége, car le second créancier « n'est point tenu d'offrir au premier le paiement « des créances chirographaires. »

La question que nous voulons examiner est celle de savoir si, d'après le rescrit de Gordien, le créancier peut exercer le droit de rétention pour d'autres créances auxquelles le gage n'a pas été affecté. En d'autres termes, l'extension du droit de rétention ne s'applique-t-elle qu'au créancier gagiste, ou bien s'applique-t-elle également à tout créancier qui, en vertu d'un droit d'hypothèque, a obtenu la possession de la chose?

La dernière opinion, jugée plus conforme à la généralité des termes employés dans le rescrit, a été soutenue par plusieurs personnes (1).

Le système contraire nous paraît préférable. Quant aux termes employés dans le rescrit, nous verrons plus tard qu'ils sont bien loin d'être favorables à l'opinion soutenue par les partisans du premier système.

Pour bien comprendre le rescrit, il faut donner quelques explications sur la novation.

La novation est ainsi définie au Digeste : « Novatio est prioris debiti in aliam obligationem, « vel civilem, vel naturalem, transfusio atque « translatio, hoc est cum ex præcedenti causa ita « nova constituatur, ut prior perimatur ; novatio « enim a novo nomen accepit, et a nova obliga- « tione (2). » Il faut la réunion de trois éléments pour arriver à faire une novation :

1° Une obligation antérieure servant de base à l'opération ; mais il importe peu que cette obli-

(1) Fritz, Erlæuter-zu Wening-Ingenheim, cah. 2, p. 471; Sintenis, p. 242; Bonjean, t. II, p. 252

(2) T. 1, *De nov.* D. 46, 2.

gation soit civile, prétorienne ou naturelle; qu'elle ait été contractée *re, verbis, litteris aut consensu* : il suffit qu'elle soit reconnue par la loi, pour qu'elle puisse servir de base à la novation. On pouvait également nover une obligation à terme ou conditionnelle, mais, dans cette dernière hypothèse, la novation sera subordonnée à la réalisation de la condition; et si, à ce moment, la chose promise avait péri, ou si le débiteur était devenu incapable après la novation, il n'y aurait pas une seconde obligation remplaçant la première. « Et ideo si forte persona pro« missoris, pendente conditione, fuerit depor« tata, Marcellus scribit, ne quidem existente « conditione ullam contingere novationem, quo« niam nunc, cum extitit conditio, non est per« sona quæ obligetur. »

2° La création d'une nouvelle obligation qui remplace la première. Mais ici encore il importe peu que l'engagement soit civil, prétorien ou naturel : « Licet posterior stipulatio inutilis sit, « tamen prima novationis jure tollitur (1). »

On admettait généralement la possibilité de nover une obligation pure et simple par une obligation conditionnelle; mais la novation était subordonnée à la réalisation de la condition : « Non

(1) Inst. liv. III, tit. XXIX.

« statim fit novatio, sed tunc demum, cum con-« ditio extiterit. » La doctrine de Servius Sulpicius qui admettait, même dans ce cas, la possibilité d'une novation immédiate, n'avait pas prévalu, d'après ce que nous dit Gaïus (1).

3° Il faut enfin que les parties aient la volonté de faire la novation, sans cela il y aurait simplement adjonction d'une nouvelle obligation à la première. Avant Justinien, la question de savoir si les parties avaient voulu faire une novation, ou joindre une nouvelle dette à la première, était laissée à l'arbitrage des juges; mais à partir du règne de cet empereur, la volonté de nover ne pouvait résulter que d'une déclaration formelle.

Il n'y avait point novation là où il n'y avait point changement, mais ce changement pouvait avoir lieu de plusieurs manières. Tantôt on pouvait changer le créancier seulement, pendant que le débiteur et la chose due restaient les mêmes. La novation consistait quelquefois à changer seulement l'objet, les parties restant les mê-

(1) Servius tamen Sulpicius existimavit statim et pendente conditione novationem fieri, et, si defecerit conditio, ex neutra causa agi posse, eo que modo rem perire. Qui consequenter et illud respondit, si quis id quo sibi Lucius Titius deberet, a servo fuerit stipulatus, novationem fieri, et rem perire, quia cum servo agi non potest, sed in utroque casu alio jure utimur. Gaïus, Com. III, § 179.

mes. Tantôt enfin le changement pouvait porter uniquement sur le débiteur. Mais dans tous les cas, le principe est que la novation éteint la première obligation, et avec elle toutes les sûretés accessoires qui en garantissaient l'exécution : ainsi, les gages, les hypothèques, les fidéjussions. C'est cette idée que le rescrit exprime lorsqu'il nous dit : « Pignus intercedit si novatione facta « in alium jus obligationis transtulisti, nec ut ea « res pignoris nomine teneretur, tibi cautum « est. » Il faut supposer ici qu'il s'agit d'un changement portant sur le débiteur seulement, tandis que l'objet et le créancier restent les mêmes. Il est certain maintenant que les parties peuvent rattacher à la nouvelle obligation les accessoires de l'ancienne. En ce qui concerne les fidéjusseurs qui avaient cautionné la première obligation, ils ne peuvent être considérés comme garantissant la seconde qu'autant qu'ils ont bien voulu y accéder. C'est ce que nous lisons dans une constitution de l'empereur Antonin Caracalla : « Novatione legitime perfecta debiti in « alium translati, prioris contractus fidejussores « vel mandatores liberatos esse non ambigitur, si « modo in sequenti se non obligaverunt (1). »

Une décision analogue doit être donnée dans

(1) L. 4, *De fidej.* (8-41).

tous les autres cas de novation; le fidéjusseur sera libéré du moment que, pour une raison quelconque, l'obligation principale se trouve éteinte (1).

La solution sera-t-elle la même si, à la place d'un fidéjusseur, nous supposons une dette garantie par un gage ou une hypothèque? L'affirmative est formellement consacrée par le rescrit : « Vos droits sur le gage sont éteints, dit ce texte, si, par l'effet d'une novation, ayant reconnu et accepté pour tenir la place de votre débiteur le créancier de ce dernier, vous ne vous êtes point réservé les mêmes gages qui vous avaient été donnés pour sûreté de votre créance par votre premier débiteur. » Ainsi l'hypothèque sera nécessairement éteinte par la novation, s'il n'a été rien convenu entre le créancier et le débiteur.

Ceci dit sur la novation, revenons à notre espèce. Un créancier prêtant pour la première fois exige un gage pour la sûreté de sa créance : il est certain qu'il aura le droit de rétention tant qu'il ne sera pas intégralement payé, et si un emprunt postérieur vient à être conclu, le premier gage répondra également de la seconde dette, parce qu'il est naturel de supposer que, si le créancier n'a pas demandé un nouveau gage en stipulant le

(1) M. Demangeat, Obligations solidaires, p. 43.

nouvel emprunt, c'est parce qu'il a pensé que le premier répondrait des dettes, et serait suffisant, ainsi que nous l'avons déjà dit, pour en assurer le paiement. C'est ce qui nous paraît ressortir avec évidence du rescrit célèbre de Gordien. « At si in possessione fueris constitutus, « nisi ea quoque pecunia a debitore reddatur, « vel offeratur, quæ sine pignore debetur : eam « restituere propter exceptionem doli mali non « cogeris. »

Mais si les deux dettes ayant été contractées l'une et l'autre sans sûreté particulière, ce n'est qu'après que la seconde a existé que le créancier a exigé un gage pour la sûreté de la première ; le gage ne répondra point de la seconde dette. En effet, on ne peut pas dire dans cette hypothèse, comme dans la précédente, qu'il y a eu affectation tacite de gage à la seconde dette. Remarquons enfin que le droit de rétention constitue un droit exceptionnel de sa nature, puisqu'il renferme un droit indirect de préférence, et qu'ainsi, à défaut de convention expresse ou au moins tacite, il doit être rigoureusement restreint aux cas spécialement prévus par le texte.

CHAPITRE IX.

DES PACTES QUI SONT ADMIS OU REJETÉS PAR RAPPORT AUX GAGES.

Droit de suite et de rétention, droit de vendre et droit de préférence sur le prix, tels sont les avantages que donne l'hypothèque.

Nous avons vu que celui à qui une chose a été hypothéquée n'a pas un droit de disposition immédiate sur elle, mais une garantie seulement qu'il pourra faire valoir au moment où sa créance deviendra exigible. C'est pourquoi le débiteur reste en possession de sa chose, et comme il n'a pas cessé d'être propriétaire, il peut encore l'aliéner ou la grever de nouvelles hypothèques.

Mais si, à l'échéance de sa dette, le débiteur ne paye pas, le créancier peut exercer son action hypothécaire contre tout possesseur de la chose, et même contre les créanciers postérieurs qui se trouveraient en possession de la chose, ou contre le tiers qui l'aurait achetée d'un créancier postérieur. Le droit de suite est donc un droit opposable aux tiers acquéreurs de la chose hypothéquée, en vertu duquel le créancier peut atteindre son gage partout où il se trouve.

Le droit de rétention a été expliqué suffisamment, nous n'en dirons que quelques mots. Le créancier hypothécaire qui, à l'échéance de la dette, s'est fait mettre en possession, a le droit de retenir la chose jusqu'à parfait paiement; il peut, comme dans le *pignus* proprement dit, user des interdits pour faire respecter sa possession. Le droit de rétention ne cesse que par le paiement de la dette, et peu importe que la valeur de la chose excède le chiffre de la créance, ou que l'intérêt du débiteur et des autres créanciers exige que la chose soit vendue : tant qu'il n'est pas payé, le créancier a le droit de retenir la chose indéfiniment (1). L. 6, *De pignerat. act.*, *D.*, 13-7.

Le droit de vendre et le droit de préférence, de même que le droit de suite et de rétention, résultaient de la nature même de l'hypothèque; ma s à ces droits, resultant de la nature des choses ou des dispositions légales, les parties pouvaient ajouter des conventions particulières. C'est ainsi qu'elles pouvaient faire entrer dans la constitution du gage cette condition que Gaïus rapporte et explique : « Qui res suas jam obligave-

(1) Toutefois Pomponius admet (l. 6, *de pign. act.*) que le débiteur, après avoir donné caution suffisante au créancier, peut le forcer à lui représenter la chose pour pouvoir la vendre, sauf au débiteur après l'avoir vendue, à désintéresser le créancier avec le prix.

« runt, et alii secundo obligant creditori, ut « effugiant periculum quod solent pati qui sæ- « pius easdem res obligant, prædicere solent alii « nulli rem obligatam esse quam forte Lucio Titio, « ut in id quod excedit priorem obligationem, « res sit obligata, ut sit pignori hypothecæve i l « quod pluris est, aut solidum, quum primo de- « bito liberata res fuerit. De quo videndum est « utrum hoc ita se habeat, si et conveniat : an et « si simpliciter convenerit de eo quod excedit, ut « sit hypothecæ? Et solida res inesse conven- « tioni videntur, quum a primo creditore fuerit « liberata. An adhuc pars? Sed illud magis est, « quod prius diximus. L. 15, § 2, liv. 20, « tit. 1. »

Ainsi, sans convention spéciale, toute la chose reste obligée envers le second créancier, quand elle sera libérée envers le premier.

On pouvait autrefois insérer dans les constitutions de gage la clause commissoire. Par ce pacte, connu sous le nom de *lex* (1) *commissoria*, l'ancienne législation romaine permettait au créancier qui n'était pas payé à l'échéance de la dette,

(1) *Lex* est ici synonime de *pactum* et signifie une convention arrêtée entre les parties. Cette *lex* est appelée *commissoria* parce qu'elle menaçait le débiteur de la déchéance de son droit, *commissum*.

de devenir propriétaire du gage à titre de satisfaction, *ut ei committatur pignus.*

La clause commissoire était, ainsi que nous l'avons déjà dit, très-fréquente dans l'ancien droit; elle intervenait surtout quand le gage était d'une valeur supérieure au montant de la dette, et les débiteurs, pressés pour le moment par le besoin d'argent, souscrivaient presque toujours à ce pacte. Le pacte commissoire était très-dangereux pour les débiteurs, car ils perdaient bien souvent une valeur supérieure au montant de la dette que les circonstances avaient empêché d'acquitter dans le délai convenu. Les inconvénients de la clause commissoire, indiqués souvent par les jurisconsultes, furent pris en considération par Constantin, qui interdit pour l'avenir par une constitution (1) le pacte commissoire. Désormais, l'insertion de cette clause dans le contrat de gage sera considérée comme non avenue.

Mais il faut bien nous garder de confondre avec

(1) Quoniam inter alias captiones præcipue commissoriæ legis crescit asperitas, placet infirmare eam et in postremum omnem ejus memoriam aboleri. Si quis igitur tali contractu laborat, hac sanctione respiret, quæ cum præteritis præsentia quoque repellit et futura prohibet. Creditores enim re amissa jubemus recuperare quod dederunt. l. 3, C. 8-35 *de pact. pign.*

le pacte commissoire la clause très-licite par laquelle on convient que, faute de paiement à l'échéance, le créancier acquerra la propriété de l'objet engagé, non pas purement et simplement, mais moyennant un juste prix qui sera alors déterminé. C'est ce que disent Sévère et Antonin dans un rescrit : « Potest ita fieri pignoris datio hypothecæve, ut, si intra certum tempus non sit soluta pecunia, jure emptoris possideat rem, justo pretio tunc æstimandam : hoc enim casu videtur quodammodo conditionalis esse venditio (1) : et ita divus Severus et Antoninus rescripserunt. » L. 16, § 5, Marcian, lib. *Sing. form. hyp.* Cette clause n'offrait pas les dangers que présentait la clause commissoire. En effet, donner en gage ou pour hypothèque, à condition que si la somme n'est pas payée tel jour, le créancier restera dépositaire du gage, comme s'il l'eût acheté au prix de l'estimation qui en sera faite, ce n'est plus la même chose que s'il s'agissait d'une constitution de gage avec clause commissoire qui permettait au créancier de devenir propriétaire, faute de paiement au jour convenu, d'une valeur supérieure au montant de la dette. Au contraire, la clause rapportée par Sévère et Antonin est de

(1) Scevola s'exprime dans le même sens dans la loi 81 ff. *de contrah. empt.* lib. 7, *Dig.*

nature à donner à la convention intervenue entre les parties le caractère d'une vente conditionnelle : « Hoc casu videtur quodammodo conditionalis esset venditio. »

Mais, dit-on, la vente dont il est ici question ne peut pas être valable, le prix n'étant pas déterminé. « Nulla sine pretio emptio esse potest. » Cette objection ne nous embarrasse pas. Le prix doit être, sans aucun doute certain (certum esse debet pretium), c'est-à-dire déterminé par la convention même des parties, soit d'une manière absolue, par exemple, *centum aureos*; soit par relation à une quantité déterminable, par exemple, « quanti tu eum emisti, quantum pretii in arca habeo (1). » Le prix n'était pas certain si, au lieu d'être convenu entre les parties, il était abandonné au pur arbitre de l'une d'elles, ou laissé à l'arbitrage d'autrui sans désignation de personne, par exemple, « quanti velis, quanti « æquum putaveris. » Mais si l'arbitrage était conféré à une personne déterminée, « quanti « Titius rem æstimaverit, » la vente était valable. Il est vrai que, d'après ce que rapporte Gaïus, il y avait désaccord entre les jurisconsultes sur le sort de la convention, si l'arbitrage était conféré à une personne déterminée. Labéon et Cas-

(1) *Dig.* 18-1, *de contrah. emp.* 7 §§ 1 et 2, f. *Ulp.*

sius niaient qu'il y eût vente valable, Proculus soutenait l'opinion contraire. Justinien a consacré l'opinion des Proculéiens.

Notre question consiste donc à savoir si les mots *justo pretio*, insérés dans le pacte, tiennent lieu de détermination et indiquent suffisamment que l'arbitrage sera remis à un *bonus vir*. Nous n'en doutons pas : le prix fixé par un *bonus vir*, est un *justum pretium*, et le *bonus vir* ne pouvant arbitrer qu'un *justum pretium*, il y a, sans doute, dans les mots *justo pretio*, quelque chose qui détermine suffisamment le prix et fait la vente complétement valable.

Il reste maintenant une question à examiner. Le pacte commissoire fut-il prohibé d'une manière absolue par la constitution impériale de Constantin (1)? La réponse se trouve dans la loi 3, *De pign. act.* Le pacte commissoire est prohibé d'une manière absolue s'il intervient lors de la constitution du gage, et l'insertion de cette clause dans le contrat était considérée comme non avenue. On a voulu, en effet, venir au secours des débiteurs qui, pressés par le besoin d'argent, ne manquaient jamais de souscrire à ce pacte. Mais après la constitution du gage, le débiteur conserve toute liberté d'action

(1) L. 1, C. *de pactis pign.*

pour résister au créancier qui voudrait se faire céder le gage à trop vil prix ; rien ne s'oppose par conséquent à ce que le créancier convienne que la chose lui sera vendue pour un certain prix, ou bien qu'elle lui restera purement et simplement, à titre de propriété, en guise de paiement.

Il existait aussi un pacte très-usité chez les Romains, par lequel le débiteur cédait à son créancier, pour l'intérêt de la somme prêtée, les fruits de la chose donnée en gage. Ce pacte est connu sous le nom d'antichrèse.

Le créancier gagiste ne pouvant pas user ou bénéficier des fruits produits par la chose engagée pendant qu'il la possédait, ses droits ne concernaient que la possession de cette chose et la faculté de la vendre à défaut de paiement.

Si donc la chose qu'il possède produit des fruits, il peut les percevoir non pas pour en bénéficier, mais pour les restituer au débiteur ou pour les imputer sur sa créance, d'abord sur les intérêts, puis sur le capital. Cependant le créancier pouvait convenir qu'il jouirait de la chose engagée, en compensation des intérêts de sa créance. Une pareille convention lui donnait le droit de garder les fruits sans réduction, alors même qu'ils dépassaient le taux de l'intérêt. L. 17, C. *De usuris*.

Mais il n'était pas permis de déguiser, sous la

dénomination d'antichrèse, des conventions usuraires (1); c'est ce qui nous est dit par la loi 14, *De usuris*, C. « Si ex pactione uxor tua mutuam « pecuniam dedit, ut vice usurarum domum « inhabitaret, pactoque ita ut, convenit usa est, « non etiam locando domum pensionem redegit: « referri quæstionem, quasi plus domus redige- « ret si locaretur, quam usurarum legitimarum « ratio colligit, minime oportet. Licet enim ube- « riore sorte potuerit contrahi locatio : non ideo « tamen illicitum fœnus esse contractum sed vi- « lius conducta habitatio videtur. » La décision doit être la même, quoiqu'il s'agisse de revenus variables, des récoltes, s'il y avait, en tenant compte de l'aléa, une exagération évidente dans la quantité des fruits à percevoir : les sommes ou les fruits ainsi perçus ne peuvent jamais dépasser le taux légal des intérêts.

Le débiteur peut donc accorder au créancier gagiste le droit de jouir de la chose et d'en tirer les fruits, et cette convention sera permise pourvu qu'elle ne cache point un prêt usuraire. L'antichrèse a même lieu de plein droit lorsqu'une chose frugifère est donnée en gage pour la sûreté

(1) Fr. 33, D., *de pignoribus act.*, 13-7; Fr. 1, § 2; fr. 11, § 1. D.. *de pignoribus*, 20, 1. Fr. 26 § 1, D. *de usuris*, 22, 1. L. 14. 17 C., *eodem*, 4. 32.

d'un capital qui ne porte pas intérêt. Dans ce cas, le créancier, comme le fait observer avec raison Cujas, a le droit de prendre les fruits jusqu'à concurrence du taux de l'intérêt légal, sauf à déduire l'excédant du capital ou à le rendre au débiteur (1).

Par cela même, dit l'illustre Romaniste, (Observ. 8 pr.), qu'on a remis au créancier une chose frugifère, il est autorisé à prendre les fruits jusqu'à concurrence du taux de l'intérêt légal, bien que les intérêts n'aient pas été stipulés, car il y a là une antichrèse tacite. « Tacite id « agere videtur, ut fructus non tantum perci- « piam, sed et retineam usurarum vice, quod fiet « tantum juxta modum legitimum, quasi tacito « consensu. » Il y a toutefois une différence entre l'antichèse expresse et l'antichrèse tacite. Dans cette dernière le créancier devra rendre les fruits qui dépasseront le taux de l'intérêt légal. (2)

(1) Fr. 8, D.. in quibus causis pign., 20, 2. cum debitor gratuita pecunia utatur, potest creditor de fructibus rei sibi pigneratæ ad modum legitimum usuras retinere. » L. 2, C., de partu pign. 8, 25. — L. 3, C. in quibus causis pignus tacite contrahitur 8, 15. — L. 1, 2, 3, 12. C. de pign. act. 4, 24. — L. 1. C. de distract. pign., 8-28, Fr. 5. § 21, D. ut in posses, leg., 36-4. Fr. 23, pr. D. de pignor. 20,1.

(2) Cujas in lib. XXXII de usuris, lib. IV cod. « Et hoc etiam casu, quo nihil dictum est de usuris, tacite videtur

Beaucoup de personnes cependant contestent le système que nous avons exposé et soutiennent qu'il n'y avait pas à Rome d'antichrèse tacite, et que le créancier mis en possession d'une chose frugifère, ne pouvait pas en retenir les fruits *vice usurarum*, à défaut de convention formelle à cet égard. Mais en repoussant l'existence d'une antichrèse tacite à Rome, elles ne font pas attention qu'elles se mettent en contradiction avec la loi 8, qui décide formellement le contraire : « Cum debitor gratuita pecunia utatur, potest « creditor de fructibus rei sibi pigneratæ ad- « modum legitimum usuras retinere. »

Il est évident que cette loi prévoit le cas d'une antichrèse tacite, car s'il en était autrement, il faudrait y voir une convention tacite d'intérêts en faveur du créancier qui a prêté sans stipulation d'intérêts, par cela seul qu'une chose frugifère lui a été remise en gage. Cette conséquence est rejetée par tout le monde, et avec raison, car il est certain qu'un débiteur qui a emprunté de l'argent sans intérêts ne peut pas être considéré comme ayant entendu renoncer à cet avantage, par cela seul qu'il a remis en gage une chose frugifère. D'ailleurs les intérêts ne

contracta ἀντίχρησις. Itaque creditor fructus retinebit usurar um vice, non tamen supra legitimum modum usurarum.

peuvent avoir lieu qu'en vertu d'une stipulation. « Usuræ constituuntur stipulatione, ἀντίχρησις « pacto; est enim pactum pignoris, » et il n'est pas indispensable que le consentement soit exprès, un consentement tacite suffit, ainsi que le prouve la loi 8.

Nos adversaires reculent devant ces conséquences, mais ils croient pouvoir se tirer d'affaire en apportant une correction au texte et en disant : « cum debitor non gratuita pecunia « utatur. » car, disent-ils, les expressions *cum utatur*, elles-mêmes prouvent qu'elles sont la suite d'un raisonnement commencé dans un autre texte et non pas son exposé. C'est *cum utitur*, qui signifie *lorsque*, et non pas *cum utatur*, qui signifie *puisque*, que le jurisconsulte Paul aurait dû employer, si ce texte contenait l'exposé de son raisonnement sur cette question, et non pas la suite d'un autre raisonnement commencé ailleurs.

Il n'est pas de difficulté que l'on ne puisse lever à l'aide des corrections apportées aux textes, mais je ne crois pas que cette correction soit nécessaire ici. Paul prévoit précisément le cas qui nous occupe, et il affirme que l'antichrèse peut être tacite, seulement, à la différence de l'antichrèse expresse, le créancier devra rendre les fruits qui dépasseront le taux de l'intérêt légal :

« Potest creditor de fructibus rei sibi pignoratæ « ad modum legitimum usuras retinere. »

Les partisans du système que nous réfutons nous rendent eux-mêmes justice, car il y en a parmi eux qui pensent que cette correction n'est pas nécessaire et qu'on peut, sans la faire, expliquer la loi 8. La loi 8 aurait probablement été détachée d'un autre texte, où il était question d'un de ces contrats de bonne foi dans lequel le débiteur ne devait pas d'intérêts dès l'origine; mais il a commencé à en devoir dès qu'il a employé à son usage l'argent qui lui a été remis, si, par exemple *Titius* est devenu mon créancier, parce-qu'il a fait chez moi le dépôt d'une certaine somme d'argent, et, qu'il ait été reçu de moi pour lui garantir la restitution de ce dépôt une chose frugifère, je ne lui devrai néanmoins pas d'intérêts par le fait même du dépôt, ni par le fait même de la remise de ce gage; mais si je viens à me servir de son argent, je commencerai à lui devoir des interêts, et Titius pourra alors les prélever sur les fruits produits par la chose que je lui ai remise en gage.

C'est, comme on le voit, à l'aide du contrat de dépôt (1), que nos adversaires veulent expliquer la loi 8. Examinons :

(1) Ce que nous disons du dépositaire s'applique égale-

Ordinairement le dépositaire ne devient pas propriétaire de la chose déposée, mais il la possède pour le déposant et doit la restituer en nature à la première réquisition. La question d'intérêts ne peut pas être soulevée dans cette hypothèse. Mais que faut-il décider s'il a été convenu qu'on restituerait non pas les mêmes espèces, mais une quantité pareille? Cette convention ne présente plus le caractère du dépôt, car le dépositaire étant devenu possesseur et propriétaire des choses qu'il a reçues, son obligation ressemble plutôt à celle de l'emprunteur dans le *mutuum* qu'à celle du dépositaire.

Il est très-important de déterminer la nature du contrat que les parties ont entendu former. Admet-on qu'il y a toujours dépôt, comme l'action *depositi* est une action de bonne foi, les intérêts seront dus toutes les fois que la bonne foi l'exigera. Si, au contraire, le contrat est un *mutuum*, les intérêts ne peuvent être dus qu'en vertu d'une stipulation.

Papinien (l. 24, D., *Depositi vel contra*, 16, 3,) prévoit ce cas, et il décide qu'il y aura lieu à l'action *depositi*. « Respondi depositi actionem locum « habere. » Son opinion sur ce point se trouve

ment au mandataire qui aurait employé pour lui l'argent qu'il a reçu du mandant pour les affaires de celui-ci.

confirmée par un autre texte tiré de ses écrits. Voilà comment il s'exprime dans la loi 25, § 1 *Depositi*) :

« Qui pecuniam apud se, non obsignatam, « ut tantumdem redderet, depositam, ad usus « proprios convertit, post moram in usuras « quoque judicio depositi condemnandus est. »

Voilà ce qui est bien formel. Celui qui a employé à son propre usage de l'argent déposé chez lui sans être cacheté, avec convention qu'il en rendrait autant, doit, par l'action de dépôt, être aussi condamné aux intérêts à partir de la demeure.

Une différence existe cependant entre le dépositaire qui se sert, sans le consentement du déposant, de l'argent qui lui a été confié (1), et le dépositaire qui se sert de l'argent déposé en profitant de la permission expresse ou tacite que lui en a donnée le déposant. Le premier est tenu à des dommages-intérêts à cause de son dol et peut même être poursuivi par l'*actio furti*. Le

(1) Paul lib. II, sententiarum « Si sacculum vel argentum deposuero, et is penes quem depositura fuit, me invito contrectaverit, et depositi et furti actio mihi in eum competit. Si ex permissu meo deposita pecunia is penes quem deposita est utatur, ut in ceteris bonæ fidei judiciis, usuras ejus nomine præstare mihi cogitur.

dernier, au contraire, ne devra que les intérêts, d'après les règles des actions de bonne foi.

S'il a été convenu, dès le principe, que le dépositaire payerait des intérêts, ce pacte produira le même effet qu'une stipulation et devra être exécuté, car le pacte ajouté *in continenti* à un contrat de bonne foi forme la loi du contrat, *dat legem contractui.*

L'obligation de payer les intérêts est également imposée au dépositaire qui se sert de l'argent déposé, en profitant de la permission que lui en a donnée le déposant, soit explicitement, soit implicitement en convenant qu'on lui rendrait non *idem*, mais *tantumdem.* Cette obligation cependant n'a pas la même étendue que dans le cas où les intérêts sont dus *ex pacto.* Le dépositaire devra incontestablement, les intérêts à partir de l'interpellation qui l'aura mis en demeure : « *In bonæ fidei contractibus mora usuræ debetur.* » (L. 32, § 2, D., *De usuris* 22, 1). Mais il ne les devra point pour le temps antérieur à la mise en demeure, quand même il aurait employé l'argent à son profit en vertu de la permission tacite du déposant? (L. 15, § I, *Depositi D. Papinianus, libro III, responsorum*).

L'hypothèse que nos adversaires ont imaginée est bien possible; il est très-vrai que des intérêts peuvent être dus en cas de dépôt irrégulier, mais, est-ce à cette hypothèse que se rapporte la loi 8 ? Comment le soutenir? C'est la construction de la phrase; ce sont les expressions de la loi elle-même, *cum utatur*, qui signifient puisque, que Paul aurait employées, si ce texte, objectent nos adversaires, contenait l'exposé de son raisonnement sur la question. En admettant même que les termes *cum utatur* pussent être considérés comme la suite d'un autre raisonnement, il resterait encore à savoir si ce raisonnement se rapportait au dépôt irrégulier, comme on le soutient, ou bien à l'antichrèse. Nous avons vu que des intérêts peuvent certainement être dus lorsque le dépositaire, profitant de la permission du déposant, se sert de l'argent qu'il a reçu. Papinien, dans les lois que nous avons citées, Paul, lui-même, ont bien soin de s'expliquer, de manière à ne laisser aucun doute, toutes les fois que des intérêts peuvent être dus, en cas de dépôt irrégulier; et ils font bien, car, par la permission du déposant, il devient très-important de savoir si l'obligation du dépositaire est celle d'un emprunteur ou bien celle d'un dépositaire. Aucune de ces distinctions ne se rencontre dans la loi 8, qui contient non pas la suite d'un raisonnement commencé ailleurs, mais l'exposé de l'opinion de Paul sur l'antichrèse.

Pour compléter la réfutation de ce système, nous n'avons qu'à lire la loi 5, § 21. D. 36-4.

Voilà comment Ulpien s'exprime dans ce texte : « Quæri poterit an in vicem usurarum hi fructus « cedant, quæ in fideicommissis debentur? Et « cum exemplum pignorum sequimur, id quod « ex fructibus percipitur, primum in usuras, « mox, si quid superfluum est, in sortem debet « imputari. Quinimo et si amplius, quam sibi « debetur, perceperit legatarius : exemplo pigne- « ratitiæ actionis etiam utilis actio ad id refun- « dendum dari debebit. Sed pignora quidem quis « et distrahere potest : hic autem frui tantum ei « constitutio permisit, ut festinetur ad senten- « tiam. »

Concluons donc que l'existence d'une antichrèse tacite était reconnue à Rome : 1° parce que les lois 8, t. 2, liv. 20, D., et 5, § 21, liv. 36, t. 4. D., la reconnaissent d'une manière très-formelle; 2° parce qu'on ne va nullement à l'encontre de l'intention des parties, en décidant que les intérêts seront dus par suite de cette seule circonstance que le débiteur, pour garantir au créancier le remboursement de ce qui lui est dû, lui a remis une chose frugifère.

DROIT FRANÇAIS.

DE LA PURGE

DES

PRIVILÉGES ET HYPOTHÈQUES

CHAPITRE PREMIER.

NOTION DE LA PURGE. — DES ACQUISITIONS AUXQUELLES ELLE S'APPLIQUE. — DES PERSONNES QUI JOUISSENT DE LA FACULTÉ DE PURGER. — DES DIVERSES ESPÈCES DE PURGE.

L'art. 2180, qui a pour objet d'indiquer comment les priviléges et les hypothèques se trouvent frappés d'extinction, mentionne dans cette vue quatre causes extinctives qui sont : 1° l'extinction de l'obligation principale ; 2° la renonciation par le créancier à son privilége ou à son hypothèque; 3° la purge ; 4° la prescription.

L'accomplissement des formalités et conditions prescrites aux tiers détenteurs pour purger les biens par eux acquis fera seul l'objet de ce travail.

On entend par extinction des priviléges et des hypothèques, l'anéantissement complet de la sûreté hypothécaire, tellement que le créancier dont le privilége ou l'hypothèque a été éteint n'a plus à se prévaloir des attributs des priviléges et des hypothèques, c'est-à-dire du droit de suite à l'encontre des tiers acquéreurs de l'immeuble, et du droit de préférence contre les créanciers privilégiés ou hypothécaires dont l'immeuble est le gage. Tels sont et tels doivent être les effets de toute cause véritable d'extinction d'un droit. La purge est-elle aussi une véritable cause d'extinction des priviléges et des hypothèques? L'affirmative ne serait pas douteuse, si nous n'avions à consulter que la place qu'elle occupe dans l'énumération de l'art. 2180. Mais nous verrons plus tard que la purge n'est autre chose qu'un bénéfice légal accordé au tiers acquéreur d'un immeuble grevé de priviléges ou d'hypothèques, devenus efficaces à son égard, et consistant dans la faculté de se libérer des droits dont l'immeuble est grevé, non pas en délaissant ou en payant aux créanciers privilégiés ou hypothécaires tout ce qui leur est dû, mais en payant ou en consignant le prix de cet immeuble ou sa valeur estimative. C'est donc le paiement effectif ou la consignation du prix qui produira l'extinction des priviléges et des hypothèques.

Quant à la purge elle-même, c'est-à-dire quant à la procédure à suivre par le tiers détenteur pour offrir le prix ou la valeur estimative de l'immeuble par lui acquis, c'est comme le remarque avec beaucoup de raison M. Benech, plutôt un acheminement à l'affranchissement de l'immeuble hypothéqué, qu'une extinction des priviléges et hypothèques.

Ceci dit sur la nature de la purge, étudions maintenant son origine. Le droit romain nous présente, dans les ventes publiques poursuivies d'autorité du magistrat (*subhastationes*) quelque chose qui se rapproche beaucoup de la purge. Dans ces ventes les créanciers étaient avertis par des signes publics (*programmate publico*) ; et ceux qui étant présents et ainsi avertis n'exerçaient pas leur droit hypothécaire, pouvaient être considérés comme l'ayant perdu : «Si eo tempore, quo prædium distrahebatur, programmate admoniti « creditores, cum præsentes essent, jus suum « executi non sunt : possunt videri obligationem « pignoris amisisse. » (L. 6, C. *De remissione pignoris*). Rien de semblable n'avait lieu dans les aliénations volontaires et la législation romaine n'avait organisé aucun moyen à l'aide duquel le tiers détenteur pût payer son prix et soustraire ainsi les biens par lui acquis à l'action hypothécaire des créanciers de son vendeur. On peut donc dire encore avec M. Benech que le droit romain était tout à fait étranger à la purge.

Mais si la purge ne puise pas son origine dans le droit romain, voyons si l'ancien droit français a été aussi sans imaginer une combinaison à l'aide de laquelle le tiers détenteur puisse payer son prix et soustraire ainsi les biens par lui acquis à l'action hypothécaire des créanciers de son vendeur. Voilà ce que nous dit Ferrière, à ce sujet, en parlant de la procédure des décrets forcés que l'édit des criées d'Henri II avait réglée en 1551 : l'acquéreur créait une dette imaginaire au profit d'un ami qui en donnait une contre-lettre. En conséquence de cette obligation simulée, l'acquéreur de l'héritage se faisait faire par son mari un commandement de payer, et, sur le refus, cet ami saisissait réellement l'immeuble sur l'acquéreur; ensuite, à l'exception du bail judiciaire, on faisait les criées et la vente de la procédure comme dans un décret forcé jusqu'à l'adjudication. Voici la purge reconnue et organisée sous le nom de décrets volontaires, et l'acquéreur mis ainsi dans la possibilité, même dans le cas d'aliénation volontaire, de mettre, à l'aide d'une fiction, le bien par lui acquis à l'abri de l'action hypothécaire. L'édit de 1771 voulant porter un remède aux inconvénients que présentait cette procédure, substitua aux décrets forcés les lettres de ratification. Une voie plus facile fut ouverte aux acquéreurs de rendre stable leur propriété et de pouvoir se libérer du prix de leur acquisition sans être obligés de garder longtemps leurs deniers oisifs. On n'eut plus besoin d'imaginer une dette au profit d'un ami qui en donnait contre-lettre et de donner lieu à des frais qui absorbaient une partie considérable du gage ; l'acquéreur devait simplement déposer au greffe du bailllliage dans le ressort duquel étaient situés les héritages aliénés, et le greffier était tenu, dans les trois jours du dépôt, d'inscrire dans un tableau placé à cet effet dans l'auditoire, l'extrait du contrat d'aliénation qui restait exposé pendant deux mois. Aucune lettre de ratification ne pouvait être obtenue avant l'expiration de ces deux mois. Pendant ce délai tout créancier pouvait se présenter au greffe et y faire recevoir une soumission de faire augmenter le prix de la vente au moins d'un dixième du prix principal, et, dans le cas de surenchère par un autre créancier du vendeur, d'un vingtième en sus dudit prix principal par chaque enchérisseur. L'acquéreur pouvait conserver l'objet vendu en fournissant le plus haut prix auquel il avait été porté.

Quant aux créanciers et à ceux qui prétendaient avoir un droit de privilége ou d'hypothèque, à quelque titre que ce fût, sur les immeubles de leur débiteur, ils étaient tenus, à compter du jour de l'enregistrement de l'édit, de former leur opposition entre les mains du conservateur, à l'effet de conserver leurs priviléges et hypothèques, lors des mutations de propriété des immeubles et des lettres de ratification prises sur ladite mutation, (1) Les oppositions conservaient leur effet pour trois ans, et devaient être renouvelées avant l'expiration de ce délai, et le défaut d'opposition entraînait déchéance absolue des priviléges et des hypothèques, tant à l'égard de l'acquéreur que des créanciers entre eux.

La loi du 9 messidor an III apporta de nombreuses modifications au système consacré par l'édit. Nous n'entrerons dans aucun détail sur cette loi, pleine d'une foule de dispositions essentiellement fiscales et donnant lieu aux plus graves inconvénients. Vient ensuite la loi du 11 brumaire an VII, qui est aujourd'hui encore la base du système suivi en matière de purge. Cette loi abrogea et l'edit de 1771, et la loi de messidor an III l'acquéreur n'a plus besoin de recourir à ces procédures minutieuses et com-

(1) Voir les articles 1-10 de l'édit de 1771.

pliquées. Le système tracé par cette loi est très-simple : il faut que l'acquéreur notifie son contrat aux créanciers connus, c'est-à-dire aux créanciers inscrits, en leur déclarant qu'il est prêt à acquitter les charges et hypothèques échues ou à échoir, le tout jusqu'à concurrence du prix stipulé dans son acte, sauf le droit, pour chaque créancier, de requérir la mise aux enchères et adjudication publique de l'immeuble en se soumettant à faire porter le prix au moins à un vingtième en sus de celui stipulé dans le contrat. Si le créancier manque de faire cette réquisition, la valeur de l'immeuble reste fixée définitivement au prix stipulé dans le contrat d'acquisition, et l'acquéreur est libéré de toutes charges et hypothèques en payant ledit prix aux créanciers en ordre de le recevoir. Tel est, en résumé, le système de purge qu'avait organisé la loi de brumaire.

Les rédacteurs du Code, malgré les attaques nombreuses qui furent portées contre la légitimité de la purge, jugèrent nécessaire de la maintenir, mais en y apportant quelques modifications. Nous savons que la loi de brumaire reposait sur le principe de la publicité ; il ne pouvait dès lors y avoir qu'une seule espèce de purge pour tous les priviléges et pour toutes les hypothèques indistinctement. Le Code, au contraire, en reconnaissant l'existence de certaines hypothèques, indépendamment de toute inscription, devait nécessairement organiser une purge spéciale pour les hypothèques non inscrites; c'est ce qu'il a fait, en effet, dans les art. 2193-2195.

Après ces détails sur l'origine de la purge, nous pouvons passer à d'autres questions. Et d'abord quelles sont les personnes qui jouissent de la faculté de purger? La purge, avons-nous dit, n'est autre chose qu'un bénéfice légal accordé au tiers acquéreur d'un immeuble grevé de priviléges ou d'hypothèques, devenus efficaces à son égard, et consistant dans la faculté de se libérer des droits dont l'immeuble est grevé, non pas en délaissant ou en payant aux créanciers privilégiés ou hypothécaires tout ce qui leur est dû, mais en payant ou en consignant le prix de cet immeuble ou sa valeur estimative. Il est facile de voir combien la purge modifie tout à la fois et le contrat principal d'où est née la dette à la sûreté de laquelle a été affectée l'hypothèque à éteindre, et le contrat accessoire qui a créé l'hypothèque; aussi il importe de déterminer quelles sont les personnes qui peuvent purger. Tout tiers détenteur peut purger, nous dit le Code dans l'art. 2181, et par tiers détenteur nous entendons celui qui, bien que actuellement propriétaire ou possesseur de l'immeuble à libérer, est étranger au contrat principal, générateur de la dette garantie, et au contrat accessoire, générateur de l'hypothèque. Une condition donc est nécessaire pour que la voie de la purge soit ouverte : il faut que l'acquéreur ou le nouveau propriétaire ne soit pas personnellement tenu de la dette garantie par l'hypothèque, et le motif se conçoit sans difficulté : il n'est pas juste, en effet, qu'une personne liée par la convention qui a créé l'obligation principale, puisse rompre le contrat par sa seule volonté et retirer, au moyen d'une simple indemnité, la sûreté réelle qu'il a consenti à donner. Ceux, au contraire, qui sont étrangers au contrat principal, générateur de la dette garantie, et au contrat accessoire, générateur de l'hypothèque peuvent purger, parce que, n'ayant point contracté avec le créancier, ils n'ont envers lui aucun engagement personnel : ls ne violent pas la foi promise, puisqu'ils n'ont rien promis.

Ainsi peuvent purger ceux qui, ayant acquis à titre particulier l'immeuble hypothéqué, n'ont point succédé à l'obligation personnelle du propriétaire qui a constitué l'hypothèque. Et peu importe l'acte en vertu duquel ils ont acquis, vente, échange, partage, donation, ou le titre de leur acquisition, gratuit ou onéreux, tout acquéreur a cette ressource qu'il peut, au moyen de la purge, libérer l'immeuble par lui acquis des priviléges ou des hypothèques qui le grèvent, et conserver la propriété de cet immeuble libre et affranchie, sans payer rien que le prix ou la valeur représentative de l'immeuble.

A ne s'attacher qu'aux termes de l'art. 2181, on serait conduit à dire que la faculté de purger n'est réservée qu'aux acquéreurs par acte entre-vifs, puisqu'il déclare que l'acquéreur qui veut purger doit transcrire son contrat. Cette interprétation semble aussi corroborée par les articles 2183 et 2184, qui ne parlent que des acquéreurs à titre onéreux et des donataires. Ce qui est surtout décisif, c'est que la purge est un privilége exorbitant, non susceptible d'interprétation extensive. En pareille matière, les arguments, par analogie, ne doivent pas être reçus.

L'opinion contraire nous paraît préférable, et nous sommes convaincus que par ces mots employés dans l'art. 2181 : « contrats translatifs de propriété, » la loi entend les actes translatifs de propriété. C'est ainsi que le Code donne souvent le nom de contrat à ce qui n'est qu'un acte, un écrit (art. 931), et pour parler plus correctement, on eût dû dire : « actes qui constatent un fait juridique translatif de propriété. » Les art. 2183 et 2184 ne nous embarrassent pas davantage, car ils n'ont rien d'exclusif ; ils statuent tout simplement sur le *plerumque fit*. Quant à l'argument consistant à dire que la purge est un privilége exorbitant non susceptible d'interprétation extensive, l'esprit de la matière le repousse suffisamment; il n'y a, en effet, aucune bonne raison pour l'accorder au donataire et la refuser au légataire particulier. Le légataire peut donc purger, comme l'acheteur, le co-échangiste ou le donataire par acte singulier, en transcrivant l'acte en vertu duquel il est devenu propriétaire, c'est-à-dire le testament qui l'a institué.

Ne peuvent point purger au contraire :

I. Le débiteur principal, soit qu'il ait encore dans son patrimoine l'immeuble qu'il a lui-même hypothéqué, soit qu'il ait acquis, même à titre particulier, l'immeuble hypothéqué par sa caution;

II. La caution personnelle du débiteur principal, soit qu'elle ait hypothéqué elle-même l'immeuble qu'elle détient, soit qu'elle le tienne, même à titre singulier du chef du débiteur dont elle a garanti la dette;

III. La caution réelle, c'est-à-dire le propriétaire qui, sans s'obliger personnellement envers le créancier, a hypothéqué un de ses biens à sa sûreté; car si elle n'est point, comme la caution ordinaire, personnellement obligée, elle doit au moins respecter le contrat qu'elle a formé;

IV. L'héritier du débiteur principal, de la caution personnelle ou de la caution réelle. La faculté de purger est incompatible avec l'obligation personnelle dont il est tenu.

Ce que nous disons de l'héritier pur et simple s'applique aussi à l'héritier bénéficiaire. La succession bénéficiaire représente toujours le défunt, et l'héritier n'est dans ses rapports avec les créanciers qu'un simple administrateur de la succession qui est l'obligé personnel. Or, il ne saurait être question de la faculté de purger quand l'immeuble grevé est encore dans le patrimoine du débiteur.

V. Le légataire universel ou à titre universel, car étant personnellement obligé, il est nécessairement privé de la faculté de purger ;

VI. Le donataire d'une universalité de biens ou d'une fraction de cette universalité;

VII. Le donataire ou le légataire même particulier, quand la donation ou le legs a été fait à la charge, par le bénéficiaire de l'acte, de payer toutes les dettes du disposant, ou simplement la dette à la garantie de laquelle a été hypothéqué l'immeuble donné ou légué (art. 1086). Partout où se trouvent joints l'action personnelle et l'action hypothécaire le droit de purge fait défaut.

Mais on dehors de ce cas, la voie de la purge sera ouverte au légataire particulier ou au donataire de l'immeuble hypothécairement affecté. Cela se conçoit sans difficulté : le donataire ou le légataire particulier ne représente pas la personne du donateur ou du testateur. Absolument étranger au contrat qui a donné naissance à l'hypothèque dont est grevé l'immeuble à lui donné ou légué, il n'est tenu que comme détenteur, non personnellement obligé, et en cette qualité, la faculté de purger ne peut pas lui être refusée.

Reste une question à résoudre. L'héritier pour partie peut-il, après qu'il a payé la part de dette dont il est personnellement obligé, faire transcrire l'acte de partage, et purger l'immeuble hypothéqué qui a été placé dans son lot? Notre savant maître, M. Labbé (1), lui refuse ce droit, et peut-être avec raison. En effet, l'héritier est tenu des conséquences du contrat, et il ne peut pas plus que ne le pourrait le débiteur qu'il représente, recourir à la purge qui implique l'oubli manifeste et la violation de cette obligation (2). Qu'il puisse délaisser, cela se conçoit, puisque délaisser c'est exécuter la convention même qui lie le détenteur envers les créanciers. Mais on ne peut pas conclure de là, que dans le même cas, l'héritier puisse purger. Sans doute, l'héritier qui a payé sa part de dettes peut être consi-

(1) Revue critique, T. VIII, p. 211 et suiv.

(2) M. Labbé, *loc. cit.*

déré comme étant désormais étranger au contrat principal d'où est née la dette garantie, mais il n'en est point de même de l'obligation de maintenir la sûreté hypothécaire promise par le contrat de constitution de l'hypothèque. Cette obligation étant essentiellement indivisible, doit subsister pour le tout contre chaque héritier, tant que le créancier n'est pas pleinement satisfait.

Il n'est pas inutile de remarquer que les formalités de la purge ne peuvent pas être valablement remplies par celui qui a revendu, ou dont le contrat d'acquisition a été annulé comme entaché de simulation et de fraude. La jurisprudence est d'accord sur ce point avec la loi qui ne parle toujours que de l'acquéreur, du nouveau propriétaire, du tiers détenteur. Mais le droit de purger n'est pas perdu s'il n'y a eu vente que d'une partie seulement de l'immeuble.

Remarquons enfin qu'il y a des cas où l'acquéreur n'a pas besoin de recourir aux formalités de la purge. Tel est le cas d'expropriation pour cause d'utilité publique. L'immeuble se trouve, dans ce cas, affranchi de toutes les charges hypothécaires dont il était grevé, et le droit des créanciers converti en un droit de préférence sur l'indemnité d'expropriation (1).

(1) Tel est encore le cas de vente après saisie ou d'adjudication sur expropriation forcée. Après l'accomplissement des

Nous arrivons maintenant aux droits qui sont susceptibles d'être purgés.

Les droits qui peuvent être vendus aux enchères sont les seuls qui soient susceptibles d'être purgés. Ainsi, peuvent être purgés : la pleine ou la nue-propriété de l'immeuble hypothéqué, ou d'une portion déterminée de l'immeuble, la propriété souterraine et la propriété superficiaire. Peut encore être purgé le droit d'usufruit. Comme la propriété elle-même, l'usufruit peut être vendu aux enchères, il faut donc reconnaître qu'il peut être purgé.

Ne peuvent pas être purgés, au contraire, les droits d'usage et d'habitation et les servitudes réelles. Ces droits ne sont pas susceptibles d'expropriation forcée, donc la voie de la purge ne peut pas être ouverte. En outre, les créanciers, si la constitution de la servitude, du droit d'usage ou d'habitation, leur est nuisible, peuvent agir contre leur débiteur comme si aucun droit n'avait été concédé, et alors l'acquéreur d'un droit non susceptible d'expropriation forcée ne peut le conserver qu'en payant tous les créan-

formalités solennelles dont de pareilles ventes sont entourées, la purge n'aurait d'autre résultat que d'ajouter aux frais, le prix obtenu étant la représentation de la valeur réelle de l'immeuble.

ciers auxquels est hypothéquée l'entière propriété, et chacun d'eux intégralement.

Les droits qui peuvent être vendus aux enchères publique sont les seuls, avons-nous dit, qui soient susceptibles d'être purgés. Le droit au bail peut-être mis aux enchères publiques, et, sous ce rapport, il faudrait conclure qu'il doit être classé parmi les droits auxquels s'applique la faculté de purger. Cette conséquence doit cependant être rejetée : le bail est un droit essentiellement mobilier, et comme tel, non susceptible d'hypothèque, la faculté de purger n'a d'application qu'aux choses susceptibles d'être hypothéquées ; le bail n'est pas susceptibles d'hypothèque; donc il ne peut pas être purgé.

Examinons maintenant quelques questions qui peuvent quelquefois se présenter dans la pratique.

L'acquéreur sous condition résolutoire jouit-il de la faculté de purger ? Le doute n'est pas possible : l'acquéreur est propriétaire actuellement ; son intérêt à purger est évident : comment donc lui refuser la faculté de purger (1) ?

(1) Zachariæ, II. p. 932, Pont ; n° 1285 ; Bourges 26 janvier 1822 ; Montpellier, 4 mars 1841 ; Grenoble, 17 fév. 1849.

La même faculté appartient-elle à l'acquéreur, sous une condition suspensive? L'affirmative est soutenue par M. Pont. Voici comment le savant magistrat raisonne sur cette question : « En ce « qui concerne le droit de la vente sous condi- « tion suspensive, on comprend que la question « se présentera rarement. En effet, bien que son « droit soit suspendu, l'acquéreur serait tenu « d'offrir son prix sans aucune réserve, car les « créanciers ne peuvent être mis en demeure de « surenchérir que par l'offre d'un prix exigible : « or, comme d'une autre part, il ne pourrait pas « répéter contre les créanciers le prix qu'il leur « aurait payé si la condition venait à défaillir, « il est bien clair qu'il songera rarement à re- « courir à une purge qui, dans de telles condi- « tions, pourrait tourner contre lui et lui occa- « sionner un grave préjudice. Si pourtant il y « voulait recourir pour prévenir les poursuites, « la nature du droit dont il est en possession « n'y ferait pas obstacle : ce droit, quoique sus- « pendu par une condition, est susceptible « aussi d'être purgé (1).

Le système contraire, enseigné par notre maître, M. Labbé, nous paraît préférable. L'acquéreur sans con[illegible]solutoire peut purger, parce

(1) Pont, n° 1285.

qu'il est propriétaire actuellement, mais il n'en est pas de même de l'acquéreur sous une condition suspensive. L'art. 2125 permet, sans doute, à celui qui a acquis un immeuble sous une condition suspensive de l'hypothéquer, pour le cas où cette condition viendrait à se réaliser ; mais quant à la faculté de purger, les art. 2181 et suiv. ne l'accordent qu'au nouveau propriétaire, au tiers détenteur, et supposent ainsi une transmission de propriété définitivement opérée. L'argument consistant à dire qu'un droit susceptible d'être hypothéqué est, par là même, susceptible d'être purgé, n'est qu'une pétition de principe (1).

Nous arrivons maintenant aux formalités de la purge hypothécaire. Ces formalités seront différentes, suivant qu'il s'agira de la purge générale ou ordinaire (art. 2181-2192 C. Nap., et 832 et suiv. C. de Proc.), ou de la purge spéciale, qui s'applique aux hypothèques légales, non inscrites, des femmes mariées, des mineurs et des interdits, et qui a pour but de mettre les personnes auxquelles ces hypothèques compètent, en demeure de les faire inscrire dans un certain délai, sous peine de déchéance du droit

(1) V. dans ce sens MM. Labbé *op. cit.*, p. 250, n° 9. Zachariæ II, p. 932.

de suite. Le chapitre II sera consacré à la purge des priviléges et hypothèques inscrits. Nous nous occuperons enfin, dans notre chapitre III et dernier, de la purge des hypothèques légales dispensées d'inscription et non inscrites.

CHAPITRE II.

DE LA PURGE DES PRIVILÉGES ET HYPOTHÈQUES INSCRITS.

L'acquéreur qui veut purger doit :

1° Faire transcrire l'acte par lequel il est devenu propriétaire de l'immeuble grevé. Cette transcription se fera sur un registre à ce destiné, par le conservateur des hypothèques dans l'arrondissement duquel les biens sont situés. Art. 2181.

L'utilité de la transcription se fait facilement sentir, surtout depuis la loi du 23 mars 1855. Nous savons que, depuis la loi du 23 mars 1855, de même que sous l'empire de la loi de brumaire, la mutation de propriété de la chose vendue, à l'égard des tiers, ne s'opérait que par la transcription. Le vendeur pouvait donc, tant que la vente n'était pas transcrite, consentir des hypothèques valables sur l'immeuble vendu. De même. les hypothèques antérieures à la vente pouvaient être utilement transcrites jusqu'au jour de la transcription de la vente.

Sous l'empire du C. Nap., la transcription ne présentait aucune utilité, puisque la vente produisait par elle-même tous les effets que la transcription produisait autrefois. Elle n'était donc qu'une formalité sans objet.

On se demande souvent si le tiers détenteur est également tenu de faire transcrire les actes d'acquisition des anciens propriétaires. Cette question, depuis si longtemps discutée, était, avant la loi de 1855, résolue dans la doctrine des auteurs, au moyen de la distinction suivante : le dernier contrat donnait-il la nomenclature exacte de tous les précédents vendeurs, la transcription qui était faite de ce contrat était considérée comme suffisante ; le contrat ne contenait-il pas cette nomenclature, le dernier acquéreur devait faire transcrire tous les contrats antérieurs. Mais la jurisprudence s'était prononcée contre cette distinction ; que le dernier contrat contienne ou non la nomenclature des précédents propriétaires, le dernier acquéreur ne devait, dans aucun cas, faire transcrire les contrats antérieurs (1).

(1) Cass. 17 oct. 1810 ; Rej. 13 déc. 1813 et 14 janv. 1828. (Dalloz, t. IX, p, 88 et 306).

Aujourd'hui, la doctrine et la jurisprudence sont d'accord pour décider (1) que, sans avoir fait transcrire les actes d'acquisition des précédents propriétaires, le tiers détenteur purgera valablement les hypothèques inscrites contre eux.

2° Il doit notifier aux créanciers inscrits un extrait de son titre, contenant les indications relatives à la date et à la qualité de son titre, à la désignation de l'aliénateur et à l'immeuble aliéné, aux prix et charges du prix, ou à l'évaluation du prix, s'il a été acquis à titre gratuit.

Le nouveau propriétaire qui doit faire aux créanciers inscrits les notifications prescrites par l'art. 2183 est autorisé à y procéder sans attendre les poursuites des créanciers, soit dans le mois, au plus tard, à compter de la première sommation qui lui est faite.

Une difficulté a été soulevée sur le délai dans lequel les notifications prescrites par l'art. 2183 doivent être faites. On sait que, d'après le calendrier républicain, qui était en vigueur lorsque le Code Napoléon a été décrété, les mois se composaient invariablement de trente jours. Plusieurs auteurs (2) sont partis de là pour soutenir que le

(1) Pont n° 1292 ; Zachariæ, t. 2, notes 1, p. 937; Rej. 5 mai 1835.

(2) Troplong III, 732 ; Battur II, 104 : Pont II, n° 1298.

délai d'un mois doit se régler d'après le calendrier républicain. La sommation à partir de laquelle se calcule ce délai d'un mois serait, d'après ces auteurs, celle-là même qui met en demeure le nouveau propriétaire de délaisser ou de purger, et dont il est question en l'art. 2169. Il faudrait donc, pour maintenir l'harmonie, que les rédacteurs ont voulu établir entre les dispositions, prendre le mois dont il est question comme équivalent à une période de trente jours.

M. Grenier (1) enseigne, au contraire, que le délai d'un mois doit se régler d'après le calendrier grégorien et se calculer de quantième à quantième. A l'appui de cette opinion, on peut invoquer l'art. 2183 lui-même. Il est, en effet, question d'un mois dans ce texte, tandis que le délai prévu par l'art. 2169 est fixé à trente jours. C'est par cette différence de rédaction que plusieurs tribunaux ont été portés à décider qu'il s'agissait, dans les deux articles, de deux délais différents (2). Je dois cependant observer qu'aujourd'hui la jurisprudence reconnaît que les deux sommations se confondent. Mais en admettant le système de la jurisprudence, il faut décider, en

(1) Grenier II, 341.

(2) V. les arrêts de Nîmes des 4 juin 1807 et 6 juillet 1812 Riom, 31 mai 1817.

même temps, que la première sommation dont parle l'art. 2183 n'est pas une sommation préalable de purger que les créanciers doivent signifier au tiers détenteur pour le mettre en demeure d'user de cette faculté, mais la sommation de payer ou de délaisser, signifiée conformément à l'art. 2169, par le créancier le plus diligent, et se trouvant ainsi la première en date (1).

Cette notification doit être faite, à peine de déchéance de la faculté de purger, à supposer d'ailleurs que le commandement qui doit précéder la sommation et cette sommation elle-même ne soient pas tombés en péremption, ce qui peut avoir lieu lorsque les créanciers ont fait successivement des sommations à des dates différentes. Il est certain que la sommation faite par l'un des créanciers profitera aux autres et fera courir en faveur de tous le délai à l'expiration duquel le tiers détenteur se trouvera déchu de la faculté de purger.

Les notifications doivent être faites à tous les créanciers inscrits avant la transcription du titre du tiers et portés sur l'état délivré par le conservateur après l'accomplissement de cette formalité. Comme conséquence nous disons que

(1) Zachariæ, II, p. 938 ; Delvincourt, III, p. 366 ; Duranton XX, 239 et 369; Troplong III, 793 bis et IV, 916.

les créanciers qui ne sont inscrits que postérieurement à la transcription, et ceux que le conservateur a omis de porter sur l'état dont la délivrance a été requise après l'accomplissement de cette formalité, n'ont aucun droit de suite à faire valoir à l'encontre du tiers détenteur, qui se trouve par cela même dispensé de leur notifier son titre d'acquisition (1).

Notre art. 2183 ajoute que les notifications doivent être faites aux créanciers inscrits aux domiciles par eux élus dans leurs inscriptions ; mais elles doivent être faites à chacun des créanciers individuellement, dans le cas même où, s'agissant d'une créance commune à plusieurs personnes, il n'aurait été pris pour toutes qu'une inscription, renfermant la même élection de domicile. Il est bien entendu que le nouveau propriétaire peut se dispenser de faire les notifications, si l'inscription ne contient pas élection du domicile ; mais nous pensons, avec M. Pont, et contrairemen à la jurisprudence de la Cour de cassation, que le défaut d'élection de domicile dans l'inscription n'a pas pour effet d'annuler l'inscription, ce qui permettra ainsi au créancier de surenchérir et d'intervenir à l'ordre s'il est informé du fait de la purge.

(1) Voy. Loi du 23 mars 1855. art. 6; **Zachaariæ** t. II, p. 939, note 8.

Les notifications doivent, à peine de nullité, être faites par un huissier commis à cet effet, et contenir constitution d'avoué près le tribunal où la surenchère et l'ordre seront portés.

Ceci dit, nous pouvons nous occuper des indications que doivent contenir les notifications.

La première des indications est relative à la date et à la qualité du titre, à la désignation de l'aliénateur et à l'immeuble aliéné, aux prix et charges du prix, ou à l'évaluation de l'immeuble s'il a été acquis à titre gratuit.

En ce qui concerne les énonciations relatives à la date et à la qualité du titre de même qu'à la désignation de l'aliénateur et de l'immeuble aliéné, aucune difficulté n'est possible ; mais nous devons, au contraire, insister un instant sur l'énonciation relative au prix et aux charges du prix, ne fût-ce que pour expliquer les termes dont se sert la loi.

On entend ici par prix tout ce que l'acheteur doit payer directement au vendeur, et par charges du prix, toutes les sommes ou prestations que, pour devenir propriétaire de l'immeuble, l'acquéreur s'est obligé de payer ou de fournir en sus du prix proprement dit, soit au vendeur lui-même, soit à ses créanciers à sa décharge, soit à des tiers qu'il en a gratifiés et dont le paiement ou l'accomplissement doit ainsi tourner directement ou indirectement au profit de ce dernier

Tel est l'engagement contracté par l'acquéreur de payer des contributions échues avant l'époque à laquelle se trouve fixée ou reportée son entrée en jouissance. Telle est encore l'obligation imposée à l'acheteur de payer certains frais qui, selon le droit commun, sont à la charge du vendeur, par exemple, les frais de délivrance.

Mais on ne saurait considérer comme charges de prix tout ce que l'acheteur doit payer, sans que cela profite directement ou indirectement au vendeur, par exemple, les frais d'acte ou d'enregistrement, les intérêts du prix, ou enfin les billets de primes d'assurances à échoir après son entrée en jouissance (1).

La question de savoir si les intérêts que l'acquéreur a dû servir depuis son acquisition doivent être considérés comme charges faisant partie du prix est vivement controversée.

On estime, dans un premier système, que les intérêts sont des charges du prix, et que le nouveau propriétaire est tenu de les payer aux créanciers inscrits à partir de son acquisition, alors même que, par imprudence, le paiement du prix

(1) Angers, 16 avril 1834.

aurait été fait au vendeur. Les intérêts, disent les partisans de ce système, étant une charge du prix, l'acquéreur n'a pas pu s'en dessaisir plus que du capital, au préjudice des créanciers dont l'immeuble par lui acquis est le gage. Ce système est trop exagéré pour être admis.

Dans un autre système, on considère également les intérêts comme charges du prix; mais les créanciers ne sauraient y prétendre (1) qu'autant qu'ils en seraient encore dus au vendeur lui-même, ce qui peut arriver lorsque l'acquéreur n'a pas payé son prix. Nous pensons que ce système doit être rejeté comme le premier. Il nous paraît difficile, quoi qu'on en dise, de considérer les intérêts que l'acquéreur a dû servir depuis son acquisition comme charges faisant partie du prix. Les charges sont des obligations onéreuses qui s'ajoutent au prix stipulé, et on ne saurait regarder comme charges des intérêts qui, en définitive, sont la représentation de la jouissance de l'immeuble, et qui, dès lors, ne sont servis à l'acquéreur que parce qu'il perçoit les fruits. L'acquéreur, d'ailleurs, en est tenu de plein droit

(1) Dans ce système le nouveau propriétaire doit offrir aux créanciers les intérêts qui sont dus au vendeur à partir de l'aliénation.

vis-à-vis des créanciers hypothécaires, à partir de la notification à fin de purge (1).

Enfin, dans un troisième et dernier système, les intérêts sont considérés, non pas comme charges faisant partie du prix, mais comme la représentation des fruits produits par l'immeuble. Que les intérêts soient les accessoires du prix, c'est ce que nous comprenons parfaitement, et, à ce titre, ils appartiendront aux créanciers inscrits, non pas à partir de l'aliénation qui a fait passer leur gage aux mains du nouveau propriétaire, car les intérêts n'étant que la représentation de la jouissance de l'immeuble et les créanciers n'ayant, avant la vente, aucun droit aux fruits produits, le seul fait de la vente ne saurait leur faire acquérir droit aux intérêts, qui n'en sont que la représentation, comme le remarque avec beaucoup de raison M. Martou, à partir du jour où le prix lui-même devient le gage des créanciers à la place de l'immeuble. Ce jour ne peut être autre que celui où l'offre qui a été faite par le nouveau propriétaire aux créanciers a été acceptée, c'est-à-dire, à défaut d'une acceptation expresse, quarante jours (sauf l'augmentation à raison des distances) après celui que les notifications ont été faites, si aucune surenchère n'a été requise dans ce délai.

(1) Zachariæ p. 941 ; Martou, n° 1427.

C'est à tort qu'on a prétendu que le jour où le prix devenait le gage des créanciers à la place de l'immeuble était celui où les créanciers faisaient au nouveau propriétaire la sommation de payer ou de délaisser ; car les créanciers, par la sommation, demandent que le nouveau propriétaire paie, non pas son prix d'acquisition, mais le montant de leur créance. Ce jour ne peut pas être non plus celui où le nouveau propriétaire, soit pour prévenir les poursuites, soit pour y répondre, notifie son contrat et se déclare prêt à payer. Les notifications du nouveau propriétaire, dit M. Pont, ne présentent rien de définitif, puisqu'elles contiennent simplement une offre à laquelle les créanciers peuvent ne pas s'arrêter, et qui ne sera plus rien s'ils la repoussent en requérant une surenchère.

Dans ce système, que nous adoptons, nous sommes autorisés à conclure que les créanciers n'ont droit aux intérêts qu'à partir de leur acceptation, expresse ou tacite, des offres contenues dans les notifications, et que le nouveau propriétaire, au moment où il fait ces notifications, n'a pas à parler d'intérêts, qui ne courent pas encore pour ceux auxquels l'offre du prix est faite, et qui ne courront à leur profit que du jour où ils auront accepté (1).

(1) Si le prix ou les charges qui en font partie consistent

Ici se présente la question de savoir si le tiers détenteur qui a fait les notifications accompagnées de ses offres est obligé jusqu'à concurrence de la somme offerte, même avant l'acceptation expresse ou tacite de ces offres par les créanciers.

La négative a ses partisans ; cependant, l'opinion contraire nous paraît préférable, et nous croyons que l'offre du nouveau propriétaire surtout lorsqu'elle est suivie de l'acceptation, expresse ou tacite, engendre une obligation personnelle qui ne permet pas à celui qui l'a faite de s'en départir sans le consentement de ceux à qui elle a

dans des prestations en nature ou dans une rente viagère, l'acquéreur doit à peine de nullité, en faire l'évaluation en argent ou en capital. Cette nécessité découle nécessairement de l'obligation que lui impose l'art. 2183 d'offrir le paiement immédiat des dettes hypothécaires jusqu'à concurrence de son prix. M. Pont croit au contraire que cette opinion ajoute à la loi, et que les notifications sont suffisantes dès qu'elles se bornent à déclarer le prix, sans évaluer la charge. Il est vrai que l'art. 2183 ne soumet pas expressément l'acquéreur à la nécessité d'évaluer en argent ou en capital les prestations en nature ou la rente viagère qui constituent tout ou partie de son prix. Mais cela n'avait pas besoin d'être dit, autrement le tiers détenteur serait dans l'impossibilité de faire connaître d'une manière positive aux créanciers hypothécaires le montant de l'offre qui leur est faite à titre de prix et de les mettre en demeure de l'accepter ou de requérir la surenchère.

été adressée ; de là il suit que la perte de l'immeuble, quoique arrivée par cas fortuit, ne le libérerait pas de l'obligation de payer la somme offerte. C'est avec beaucoup de raison aussi qu'on applique cette décision, même au cas où l'offre du nouveau propriétaire a été suivie d'une réquisition de surenchère. Vainement, dit-on, à l'appui de l'opinion contraire que la réquisition de surenchère constitue, de la part des créanciers, un refus de l'offre qui leur a été faite. Malgré la réquisition de surenchère, la procédure est liée, les choses ne sont plus entières et il y a désormais pour les créanciers un droit acquis dont l'une des parties ne peut plus s'en départir sans le consentement de l'autre.

Une question non moins importante est celle de savoir quelles sont les omissions ou inexactitudes qui entraînent la nullité de la notification prescrite par l'art. 2183. Toute irrégularité devrait, d'après quelques auteurs, emporter nullité des notifications. En écartant cette opiuion, qui nous paraît très-absolue, nous pensons que la solution de la question se trouve dans l'objet des notifications. Destinées à éclairer les créanciers et à les mettre à même de voir s'ils ont intérêt ou non à exercer leur droit de surenchère, les inexactitudes ou omissions entraîneront la nullité es notifications si elles ne remplissent pas leur objet (1). La question devra être, au contraire, résolue dans le sens de la négative si ces omissions ou inexactitudes ne sont pas de nature à gêner le libre exercice de la faculté de surenchérir.

Remarquons que ces omissions ou inexactitudes ne peuvent être opposées que par les créanciers inscrits, et seulement par ceux vis-à-vis desquels elles auraient été commises, mais jamais par le vendeur, car les notifications ne l'intéressent en aucune manière.

L'art. 2184 impose enfin aux tiers détenteurs l'obligation de déclarer dans l'acte renfermant la notification dont il vient d'être parlé, qu'il est prêt à acquitter, sur-le-champ, les dettes et charges hypothécaires, jusqu'à concurrence seulement du prix, sans distinction des dettes exigibles ou non exigibles, soit parce que le terme de

(1) La nullité peut être couverte par la volonté du créancier qui renoncerait à l'opposer. Il en sera de même dans le cas où le créancier poursuivra l'ordre sur le prix offert par le nouveau propriétaire, car cela implique une approbation des notifications et élève une fin de non recevoir contre toute demande ultérieure. (Toulouse, 29 juin 1836, Pont n° 1324). Mais la nullité ne serait pas couverte par une réquisition de surenchère (Bordeaux, 8 juillet 1814.) Obligé de surenchérir dans un délai déterminé et assez bref, le créancier sera censé n'avoir agi que pour éviter une déchéance, on ne saurait prétendre qu'en surenchérissant il a renoncé à opposer la nullité. (Pont, n° 1324.)

paiement ne se trouve pas encore échu, soit parce qu'elles consistent en rentes perpétuelles ou viagères, dont le capital est inexigible.

Il est inutile de rappeler que l'offre doit porter non-seulement sur le prix proprement dit, mais encore sur les charges qui en font partie. Mais il faut nécessairement une déclaration de la part du nouveau propriétaire, qu'il est prêt à acquitter sur-le-champ les dettes et charges hypothécaires, jusqu'à concurrence seulement du prix, sans distinction des dettes exigibles et non exigibles. L'offre de payer le prix n'en doit pas moins être pure et simple et intégrale, alors même que les stipulations du contrat d'acquisition auraient pour résultat de modifier les conditions légales auxquelles la faculté de purger se trouve subordonnée.

Sous l'empire de la loi du 11 brumaire an VII (art. 30), le nouveau propriétaire n'avait à offrir sur-le-champ que le paiement des dettes échues; quant aux dettes à échoir, il offrait de les payer dans les mêmes termes et de la même manière qu'elles avaient été constituées. Cette loi était d'accord avec l'équité et avec les principes, mais elle n'était pas exempte de nombreux embarras qu'elle pouvait jeter dans les liquidations. Les inconvénients de ce système furent présentés par M. Tronchet, et sous l'influence de ces considérations, la loi de brumaire fut abandonnée. Dans le système du Code il n'y a plus de distinction à faire entre les créances exigibles et non exigibles, le nouveau propriétaire se déclarera, par l'acte même qui contient les notifications, prêt à payer sur-le-champ, mais, bien entendu, après l'expiration des délais fixés par la loi pour la procédure de la purge.

Nous avons soutenu, contre plusieurs auteurs, que l'offre du nouveau propriétaire engendrait par elle-même et dès avant toute acceptation de la part des créanciers hypothécaires, une obligation personnelle qui ne permettait plus à celui qui l'avait faite de s'en départir sans le consentement de ceux à qui elle avait été adressée et à laquelle il ne lui était pas permis de se soustraire même indirectement. Le principe qu'une offre peut être rétractée tant qu'elle n'a pas été acceptée, est nécessairement soumis à modification dans le cas où l'offre, ayant été faite sous condition d'option dans un certain délai, implique virtuellement l'engagement de la maintenir durant ce délai. Peut-être, pourrait-on dire que le silence des créanciers pendant les quarante jours qui leur sont donnés pour exercer la faculté de surenchérir, doit être considéré comme une acceptation tacite, par cela même qu'ils n'ont pas manifesté une volonté contraire (1).

Mais l'obligation personnelle dont il est ici question a cela de particulier que, n'étant contractée par l'acquéreur qu'en sa qualité de tiers détenteur, elle ne lui fait point perdre cette qualité et ne l'oblige envers les créanciers au profit desquels elle a été prise, que dans la mesure de leurs droits hypothécaires. D'où il faut conclure que l'acquéreur, nonobstant cette obligation, conserve la faculté de discuter les droits de ces créanciers. Faut-il en dire autant de celle de leur opposer, comme le tiers détenteur, la prescription de dix à vingt ans? La négative est soutenue par de très-bons esprits; en se fondant sur l'engagement personnel contracté par le tiers détenteur. La notification du titre, disent les partisans de ce système, implique, de la part du tiers détenteur un engagement personnel qui rentre dans la règle d'après laquelle les actions personnelles dérivant des contrats se prescrivent, en thèse générale, par trente ans. Donc le tiers détenteur qui notifie son contrat aux créanciers inscrits, avec offre, conformément à la loi, de payer les dettes et charges hypothécaires jusqu'à concurrence de son prix, contracte envers eux une obli-

(1) Zachariæ, II, p. 944, note 34.

gation personnelle ayant pour effet de transformer l'action hypothécaire prescriptible par dix à vingt ans, en une action personnelle soumise seulement à la prescription de trente ans (1).

Nous préférons l'opinion contraire comme étant plus conforme aux principes. Que l'engagement pris par le tiers détenteur, conformément à l'art. 2184, ne se prescrive que par trente ans, personne ne le conteste, mais comment croire que la notification et la déclaration prescrites par les art. 2183 et 2184 renferment reconnaissance des droits des créanciers hypothécaires et renonciation à se prévaloir des exceptions et moyens à l'aide desquels ces droits seraient susceptibles d'être contestés et écartés? Cela n'est pas possible. Et qu'on ne dise pas que les créanciers hypothécaires n'étant plus admis après la notification à fin de purge à adresser au tiers détenteur la sommation de payer ou de délaisser, doivent être garantis contre cette prescription par la maxime : *Contra non valentem agere currit præscriptio*. Les créanciers pourront toujours interrompre la prescription de dix à vingt ans, soit au moyen d'une action en décla-

(1) Pont, n° 1249; Fœlix et Henrion, Des rentes foncières n° 200, p. 425 ; Troplong, IV, 883 bis; Grenier, II, 516 ; De Freminville, Des minorités, I, p. 469.

ration d'hypothèque, soit en poursuivant l'ordre.

Sans insister davantage sur cette controverse, nous observerons qu'il n'est pas absolument nécessaire que le tiers détenteur se serve pour formuler son offre des termes mêmes employés par la loi, il suffit qu'elle soit faite en termes équivalents et assez précis, pour manifester de sa part la volonté de se conformer aux dispositions qu'elle prescrit.

II.

Du droit de requérir la mise aux enchères des immeubles dont le tiers détenteur poursuit la purge. — Qui a le droit de surenchérir. — Des règles auxquelles est soumis l'exercice de ce droit. — Des suites de la réquisition de mise aux enchères.

Lorsque le nouveau propriétaire a fait cette notification dans le délai fixé, tout créancier dont le titre est inscrit, peut requérir la mise de l'immeuble aux enchères et adjudication publique, à la charge :

1. Que cette réquisition sera signifiée au nouveau propriétaire dans quarante jours, au plus tard, de la notification faite à la requête de ce dernier, en y ajoutant deux jours par cinq myriamètres de distance entre le domicile élu et le domicile réel de chaque créancier requérant ;

II. Qu'elle contiendra soumission du requérant de porter ou faire porter le prix à un dixième en sus de celui qui aura été stipulé dans le contrat, ou déclaré par le nouveau propriétaire;

III. Que la même signification sera faite dans le même délai au précédent propriétaire, débiteur principal ;

IV. Que l'original et les copies de ces exploits seront signés par le créancier requérant ou par son fondé de procuration expresse, lequel, en ce cas, est tenu de donner copie de sa procuration ;

V. Qu'il offrira de donner caution jusqu'à concurrence du prix et des charges.

Le tout à peine de nullité (art. 2185).

L'utilité de la réquisition de mise aux enchères se conçoit facilement. Les créanciers se détermineront rarement à refuser le prix déclaré par le nouveau propriétaire dans ses notifications si ce prix, tout en étant inférieur au montant des créances inscrites, est égal à la valeur réelle de l'immeuble objet de la purge. Mais il est juste de leur permettre de refuser les offres lorsqu'elles ne sont pas égales à la valeur réelle de l'immeuble, et en accordant ce droit aux créanciers, la loi ne fait que leur permettre de se défendre contre les fraudes et les dissimulations de prix. Ainsi, le droit de requérir la mise eux enchères, juste et utile correctif de la faculté de payer, tout en laissant subsister, au profit du tiers détenteur d'immeubles hypothéqués, la faculté de les affranchir au moyen de la purge, permet en même temps aux créanciers de conserver le gage hypothécaire.

Le droit de requérir la mise aux enchères appartient, en principe, à tout créancier pourvu d'un privilége ou d'une hypothèque efficace en ce qui concerne le droit de suite. Notre art. 2185 est bien formel sur ce point : « Tout créan-
« cier, y est-il dit, dont le titre est inscrit, peut
« requérir la mise de l'immeuble aux enchères
« et adjudications publiques. » Comme conséquence de cette règle nous dirons que tout créancier, quelque soit son rang et quelle que soit la nature de sa créance, pourvu qu'il ait la qualité de créancier inscrit, peut requérir la mise de l'immeuble aux enchères et adjudications publiques. Ce droit appartient non-seulement au titulaire originaire de la créance hypothécaire, mais encore à son cessionnaire, où au créancier subrogé à son hypothèque, et même à ses créanciers simplement chirographaires, agissant en vertu de l'art. 1166.

Peuvent également requérir la mise aux enchères les créanciers à hypothèque légale dispensée d'inscription, sans que, pour cela, ils soient tenus de s'inscrire au préable. Le même droit compète au vendeur dont le contrat a été transcrit, bien que le conservateur ait omis d'inscrire d'office son privilége.

Mais il ne suffit pas que le surenchérisseur soit inscrit pour requérir la mise aux enchères, il faut encore que l'inscription dont il est muni soit valable, utilement conservée, et qu'elle ait été prise pour sûreté d'un droit légitime, lequel est encore subsistant au moment de la surenchère. Ainsi, l'inscription quoique, régulière et non périmée, serait réduite à n'être qu'un titre apparent, soit parce qu'elle aurait été faite, suivant l'expression de l'art. 2160. sans être fondée ni sur la loi ni sur un titre, ou en vertu d'un titre irrégulier, éteint ou soldé.

Ne seraient pas reçus à réclamer la mise aux enchères, les créanciers dont le privilége ou l'hypothèque est soumis à la formalité de l'inscription pour devenir efficace en ce qui concerne le droit de suite, si leurs inscriptions n'avaient point été portées sur le certificat requis par le tiers détenteur après la transcription de son titre.

Le mineur et l'interdit peuvent-ils surenchérir? Avant de répondre à cette question il importe de déterminer la nature du droit de requérir la mise aux enchères. La surenchère est une mesure conservatoire, en ce sens qu'elle tend, comme l'inscription, à la conservation du droit hypothécaire. Cependant elle n'a pas ce caractère aussi exclusivement que l'inscription, car en soi elle renferme une promesse qui lie le créancier et l'oblige à rester adjudicataire, si son enchère n'est pas couverte. La réquisition de mise aux enchères a donc un caractère mixte, mesure conservatoire; d'un côté, acte d'obligation de l'autre, elle n'est permise qu'à celui-là seulement qui est capable de s'obliger. Le mineur et l'interdit ne peuvent pas s'obliger; ils ne peuvent donc pas surenchérir. Mais la surenchère peut très-bien être faite en leur nom par le tuteur, leur mandataire légal, et nous croyons, avec M. Pont, que le tuteur pourrait la requérir sans y être autorisé par le conseil de famille. Il s'agit ici d'un acte, comme l'explique très-bien le savant magistrat, qui peut aboutir éventuellement à l'acquisition d'un immeuble, et l'on ne voit pas que le tuteur ait besoin de l'autorisation du conseil de famille pour faire des acquisitions de cette nature au profit de son pupille.

De ce que la réquisition de mise aux enchères, quoique constituant en elle-même et dans son but un acte conservatoire, exige cependant, eu égard à l'engagement auquel est subordonnée et à la forme sous laquelle elle doit se produire, que celui dont elle émane ait la capacité de s'obliger, nous dirons que le mineur émancipé ne peut surenchérir qu'avec l'assistance de son curateur (1).

Par ce même motif la femme mariée, même séparée de biens, ne peut former, sans l'autorisation de son mari ou de justice, une surenchère définitivement valable. Toutefois, la femme séparée de biens, et par cela même virtuellement autorisée par le jugement qui a prononcé la séparation à la poursuite de ses droits, n'aurait pas besoin d'une nouvelle autorisation de son mari pour requérir la mise aux enchères d'immeubles vendus par ce dernier.

Le vice résultant de ce que la surenchère émanerait de personnes ainsi frappées d'une incapacité relative serait réparé par une autorisation accordée même après l'expiration du délai donné par l'art. 2185 pour surenchérir. C'est pourquoi le tiers acquéreur ne serait pas admis à se prévaloir de ce que la condition habilitante n'est pas remplie, pour demander la nullité de la surenchère ; il pourrait seulement demander que la réquisition de mise aux enchères fût déclarée non recevable tant que l'autorisation ne serait pas rapportée.

(1) Le prodigue aurait aussi besoin de l'assistance de son conseil pour surenchérir.

Le droit de requérir la mise aux enchères appartient non-seulement aux créanciers dont les créances sont actuellement exigibles, mais encore à ceux dont les créances sont à terme ou soumises à une condition non encore accomplie. Ces derniers sont, tout aussi bien que les premiers, admis à exercer le droit dont il s'agit.

Mais la voie de la surenchère serait fermée au créancier qui a renoncé expressément ou tacitement au droit de faire cette réquisition. Il en est de même du créancier soumis, pour une cause quelconque, à l'obligation de garantir l'éviction que souffrirait le tiers détenteur. Garant de l'éviction, il ne saurait être admis à faire des actes qui en provoquent la résolution.

L'usufruitier d'une créance hypothécaire ne peut requérir la mise aux enchères qu'autant que l'inscription a été prise tant à son profit que dans l'intérêt du nu-propriétaire. En effet, l'usufruitier qui n'est pas admis à requérir la mise aux enchères au nom du nu-propriétaire, ne peut pas la réclamer en son propre nom, comme tout autre créancier hypothécaire, que sous la condition d'une inscription prise à son profit personnel (1).

Ne serait pas valable non plus la surenchère

(1) Zachariæ, t. II, p. 949, note 51.

formée par un mineur émancipé ou par un individu soumis à un conseil judiciaire.

La réquisition de mise aux enchères ne peut être écartée, ni sous le prétexte que le prix offert par le tiers détenteur serait suffisant pour acquitter toutes les charges hypothécaires, ni au moyen de l'offre que ferait ce dernier de garantir, par un cautionnement, le payement des sommes dues au requérant.

Mais l'acquéreur et le vendeur seraient admis à contester la réquisition de mise aux enchères, en se fondant sur la nullité ou l'extinction du titre du requérant. L'acquéreur pourrait également le faire, en invoquant la nullité de l'inscription (1).

III.

Des règles auxquelles est soumise la réquisition de mise aux enchères.

La réquisition de mise aux enchères n'est valable qu'aux conditions suivantes :

1° Elle doit avoir lieu dans les quarante jours de la notification faite par le tiers détenteur. Ce délai court, pour chaque créancier individuellement, à partir de la notification qui lui a été adressée, et ne se trouverait pas prorogé à raison

(1) Toulouse, 30 janv. 1834 ; Caen 29 février 1844.

de la circonstance que d'autres créanciers n'auraient reçu que plus tard cette notification.

La loi du 3 mai 1862 a modifié l'art. 2185 du C. Nap., qui accordait une augmentation de deux jours pour cinq myriamètres. Aujourd'hui, ce délai s'augmente d'un jour par cinq myriamètres de distance entre le domicile élu et le domicile réel du créancier requérant.

La même loi a également tranché la controverse soulevée par la question de savoir si les fractions de cinq myriamètres devaient donner lieu à une augmentation de délai. D'après l'art. 4, al. 5, de la loi du 3 mai 1862, les fractions de moins de quatre myriamètres ne comptent pas; celles de quatre myriamètres et au-dessus comptent pour un jour (1).

Ce délai court contre toute personne indistinctement, même contre les mineurs et les interdits.

2° La réquisition de mise aux enchères doit être signifiée dans le délai ci-dessus, non-seulement à l'acquéreur, mais aussi à l'aliénateur, afin

(1) Le *dies a quo non computatur in termino* mais le jour *ad quem* en est le dernier jour utile, à moins qu'il ne tombe sur un jour férié, auquel cas le délai n'expire que le lendemain. Chauveau sur Carré, n° 2313; Paris, 18 juillet 1819.

qu'il puisse, soit en désintéressant ses créanciers, soit en s'entendant avec eux, empêcher l'éviction qui le soumettrait à une action en garantie. Il est certain que si le précédent propriétaire n'est lui-même qu'un tiers détenteur, la signification doit être faite tout à la fois au précédent propriétaire et au débiteur principal, l'un et l'autre étant également intéressés à contester ou à arrêter la surenchère.

Si l'immeuble a été vendu ou acquis conjointement ou solidairement par plusieurs personnes, la signification doit être faite à chacune d'elles individuellement.

3° La réquisition de mise aux enchères doit contenir soumission de la part du requérant de porter ou faire porter le prix à un dixième en sus de celui qui a été stipulé ou déclaré par le détenteur. Le n° 2 de l'art. 2185 ne parle que du prix; mais il est évident que cette expression comprend virtuellement les charges qui en font partie.

4° L'acte de réquisition doit également contenir l'offre de donner caution jusqu'à concurrence du prix et des charges, ainsi que du dixième en sus, avec indication nominative de la personne présentée comme caution. Cette caution est exigée, d'une part dans l'intérêt des autres créanciers, car la réquisition de surenchère libère le détenteur de l'obligation de payer jusqu'à concurrence de la somme par lui offerte ; et, d'autre part, parce qu'il ne faut pas que la surenchère soit faite par un homme insolvable ; car alors, si la surenchère n'était pas couverte par un tiers, la poursuite du requérant n'aurait d'autre résultat que d'occasionner des frais inutiles.

La caution doit réunir les conditions de capacité, de solvabilité et de domicile exigées par l'art. 2018 (art. 2040, al. 1). Ainsi, elle doit être capable de s'obliger ; mais cette caution étant légale et non judiciaire, il n'est pas nécessaire qu'elle soit susceptible d'une contrainte par corps. Ainsi encore la solvabilité de la caution s'apprécie conformément à l'art. 2019, c'est-à-dire d'après la valeur libre de ses propriétés immobilières. Toutefois, elle peut s'établir au moyen d'un dépôt d'inscriptions de rentes sur l'État.

Le requérant qui reconnaîtrait l'insuffisance de la caution par lui offerte, ou qui craindrait de voir contester sa solvabilité, serait admis, même après le délai de quarante jours, à la remplacer, ou à offrir une caution supplémentaire, pourvu qu'il le fît avant le jugement qui doit statuer sur la réception de la caution, et de manière à ne pas retarder ce jugement. Cette solution n'est contraire ni à l'art. 2185 qui exige, à peine de nullité, l'offre d'une caution, ni à l'art. 832 du Code de procédure, qui dispose que la surenchère sera déclarée nulle si la caution est rejetée. En effet, aucun de ces textes n'indique le moment auquel il faut se reporter pour examiner la solvabilité de la caution, dès lors rien ne s'oppose à ce que le juge apprécie les garanties fournies par le surenchérisseur d'après l'état des choses au moment où il est appelé à statuer sur cette question. Il n'est pas indispensable, non plus, que toutes les pièces destinées à constater la solvabilité de la caution soient fournies au moment de sa présentation ; la production peut être complétée par le dépôt de pièces nouvelles, jusqu'au jugement à intervenir pour la réception de la caution.

Au lieu d'une caution le créancier peut offrir un gage ou nantissement suffisant (art. 2041).

Par exception à la règle générale, l'Etat n'est pas soumis à l'obligation de fournir caution. (Loi du 21 février 1827.)

La caution doit avoir son domicile dans le ressort de la Cour impériale où elle doit être donnée. Toutefois, il résulte de la jurisprudence que la caution non domiciliée dans le ressort peut néanmoins être reçue, si son domicile est rapproché du tribunal où elle est donnée, lorsque d'ailleurs il y a élection de domicile dans le ressort.

V. L'original et les copies de l'acte contenant réquisition de mise aux enchères, doivent être signés par le créancier surenchérisseur ou par son fondé de procuration expresse, lequel, en ce cas, est tenu de donner copie de sa procuration. Cette disposition a pour objet d'empêcher les avoués d'engager trop légèrement les créanciers dans la voie de la surenchère. La nécessité de la signature du créancier le force à réfléchir à la gravité de l'acte qu'il va faire.

VI. Enfin, la réquisition de mise aux enchères doit être faite par une personne capable de s'obliger, car celui qui requiert la mise aux enchères s'oblige à payer le prix déclaré et le dixième en sus si la surenchère n'est pas couverte. Si donc le requérant est mineur, interdit, etc., le détenteur peut faire déclarer nulle sa réquisition. En effet, si ceux qui contractent avec un incapable ne peuvent pas demander la nullité du contrat, aucune loi n'impose à personne la nécessité de contracter avec lui.

Toutes les formalités prescrites pour la réquisition de mise aux enchères étant substantielles et formant ainsi un tout indivisible sont prescrites à peine de nullité. Il en serait ainsi, d'après M. Chauveau, même de simples nullités de forme commises dans les significations faites, soit à l'acquéreur, soit au vendeur, de telle sorte que l'acquéreur est admis à se prévaloir de la nullité commise dans une signification faite au vendeur, et réciproquement.

Aux termes de l'art. 838, al. 4, toutes les nullités concernant la déclaration de surenchère et l'assignation doivent, à peine de déchéance, être proposées avant le jugement relatif à la réception de la caution.

Le créancier dont la surenchère a été annulée et, à plus forte raison, les autres créanciers, sont admis à requérir de nouveau la mise aux enchères, pourvu qu'ils se trouvent encore dans le délai fixé par la loi.

Rappelons que la signification de la réquisition de mise aux enchères doit être faite, pour l'acquéreur, au domicile de l'avoué par lui constitué dans sa notification à fin de purge, et pour le précédent propriétaire, à personne ou à son domicile général.

La réquisition de mise aux enchères doit être signifiée par un huissier régulièrement commis, avec assignation à trois jours, pour la réception de la caution, devant le tribunal où la surenchère sera portée. Aussi serait nulle la réquisition signifiée par un huissier commis par un président autre que celui qui se trouve désigné dans l'art. 832, al. 1, du Code de procédure (1).

Il doit en même temps être donné copie de l'acte de soumission de la caution et des titres destinés à justifier de sa solvabilité, ou, le cas échéant, de l'acte constatant la réalisation du nantissement fourni en remplacement de caution (2).

La réquisition de mise aux enchères faite valablement par l'un des créanciers, devient commune aux autres. D'où il suit : 1° que le surenchérisseur ne peut par son désistement, même accompagné de l'offre de payer le montant de sa soumission, empêcher l'adjudication de l'immeuble, si ce n'est du consentement de tous les créanciers inscrits, et 2° que le tiers acquéreur ne peut arrêter les effets de la surenchère en désintéressant le surenchérisseur, et que ce dernier

(1) Chauveau sur Carré, n° 2461 ; Petit, Des surenchères, p. 410.

(2) Nous savons que le requérant peut se dispenser de fournir caution en déposant à la caisse des consignations un nantissement en espèces ou en rentes sur l'État. (Art. 832 Code de procéd.). Il peut aussi, tant que les choses sont encore entières, parfaire au moyen d'une pareille consignation, l'insuffisance de la caution qu'il aurait présentée. Mais la question de savoir si la caution peut être remplacée ou complétée par l'offre d'une hypothèque sur des biens libres est controversée.

est admis à donner suite à sa réquisition, encore qu'il ait été payé de sa créance. Mais il pourrait empêcher la mise en adjudication de l'immeuble en offrant de désintéresser tous les créanciers inscrits.

III.

Des conséquences du défaut de surenchère valable.

A défaut par les créanciers d'avoir requis la mise aux enchères dans le délai et les formes prescrits, la valeur de l'immeuble demeure définitivement fixée au prix stipulé dans le contrat, ou déclaré par le nouveau propriétaire, lequel est en conséquence, libéré de tout privilége et hypothèque, en payant ledit prix aux créanciers qui seront en ordre de recevoir, ou en le consignant. Art. 2186.

Lorsque la somme offerte par le nouveau propriétaire qui se déclare prêt à payer sur-le-champ les dettes hypothécaires, n'est pas inférieure au montant des créances inscrites; ou encore si, quoique inférieure au montant des créances inscrites, cette somme leur paraît être la représentation de la valeur réelle du gage, les créanciers ne manqueront pas de l'accepter, et ils le feront en déclarant au nouveau propriétaire que le prix offert leur paraît suffisant, et qu'ils entendent s'en contenter. C'est là l'hypothèse de l'acceptation expresse.

Notre art. 2186 prévoit l'hypothèse de l'acceptation tacite, et il la fait résulter de l'absence de toute réquisition de surenchère pendant le délai accordé aux créanciers pour surenchérir (1). Qu'elle soit expresse ou tacite; volontaire ou forcée, l'acceptation par les créanciers inscrits de l'offre contenue dans les notifications du nouveau propriétaire produit cette conséquence que la valeur de l'immeuble demeure définitivement fixée au prix stipulé dans les titres en vertu duquel celui-ci est devenu propriétaire, ou au montant de l'évaluation par lui faite dans le cas où son titre ne comporte pas l'expression d'un prix.

Toutefois, le défaut de surenchère valable ne prive pas les créanciers hypothécaires du droit d'attaquer, pour cause de fraude ou de simulation, le titre d'acquisition du tiers détenteur.

(1) Nous avons vu, sous l'explication de l'art. 2185, que si la réquisition de mise aux enchères venait à être annulée, la valeur de l'immeuble restait définitivement fixée au prix stipulé dans le contrat ou à la somme déclarée par l'acquéreur. Cette réquisition de mise aux enchères faite sans les formes prescrites est assimilée par la loi, à celle qui résulte de l'absence de toute réquisition de surenchère pendant le délai accordé acx créanciers pour surenchérir. Mais comme il n'y a ici rien de volontaire ni de spontané dans l'acceptation des créanciers, nous l'appellerons acceptation forcée.

Mais la dissimulation doit-elle entraîner la nullité des notifications ? Nous ne le pensons pas, bien que quelques auteurs se soient prononcés pour l'affirmative. En effet, il est impossible de considérer un tel fait comme susceptible de paralyser dans son libre exercice le droit de surenchère appartenant aux créanciers, la raison même indiquant, comme l'explique très-bien M. Pont, que ceux qui se sont abstenus de surenchérir sur le prix déclaré se seraient abstenus, à bien plus forte raison, de surenchérir sur le prix véritable. Mais de là à dire, ajoute le savant magistrat, que le nouveau propriétaire peut rester en possession des sommes par lui dissimulées, et qu'il n'en doit pas compte aux créanciers hypothécaires, il y a une distance que les principes ne permettent pas de franchir. En définitive, les créanciers dont le gage a été aliéné ont droit, lorsque l'acquéreur, au lieu de délaisser l'immeuble, veut le retenir en le libérant, à la totalité du prix convenu entre celui-ci et leur débiteur ; car c'est dans le prix entier qu'ils trouvent la représentation de leur gage. Donc, si une portion a été frauduleusement dissimulée, ils ont toute qualité pour exiger qu'elle soit rapportée. Mais les créanciers peuvent laisser à l'écart l'action hypothécaire et invoquer les principes consacrés par l'art. 1167 du C. N., pour attaquer et faire annuler la vente de leur gage faite en fraude de leurs droits, non-seulement au cours du délai de la surenchère, mais même après avoir surenchéri. A plus forte raison doivent-ils, quand, après l'accomplissement des formalités de la purge, l'immeuble demeure affranchi de tout droit de suite entre les mains du nouveau propriétaire, être admis à réclamer contre les dissimulations de prix faites à leur détriment, et à contraindre l'acquéreur à leur faire raison de la portion dissimulée, qui, encore une fois, n'est pas moins leur gage que le prix ostensible. Ce n'est donc pas en prenant au pied de la lettre l'art. 2186 qu'on peut avoir le vrai sens des mots : « demeure définitivement fixée au prix stipulé dans le contrat ou déclaré par le nouveau propriétaire, » qui ne signifient rien autre chose que, déchus désormais du droit de surenchérir; les créanciers ne peuvent plus arriver, par l'action hypothécaire, à obtenir de leur gage un prix supérieur à celui qu'ils ont accepté.

Lorsque, par l'acceptation des créanciers, la valeur de l'immeuble est définitivement fixée à la somme ou au prix offert, le nouveau propriétaire ne libère l'immeuble de tous privilèges ou hypothèques qu'en payant le prix aux créanciers qui sont en ordre de recevoir, ou en le consignant.

Le payement direct par le nouveau propriétaire peut être suivi, toutes les fois que les créanciers inscrits sont d'accord entre eux sur leurs droits respectifs et sur l'ordre dans lequel chacun d'eux doit être payé. Mais la consignation est nécessaire, s'il s'élève des difficultés entre eux touchant la répartition du prix ou leur droit de préférence. Il a été décidé que les oppositions et les saisies-arrêts émanées de créanciers dont l'immeuble, objet de la purge, n'est pas le gage spécial, ne sauraient autoriser la consignation (1).

C'est constant en jurisprudence que les articles 1257 du C. Nap. et 814 du C. de proc. ne s'appliquent pas à la consignation dont il est ici question, dès lors elle n'a besoin d'être ni autorisée par le juge, ni précédée d'offres nouvelles ou de sommations aux créanciers. Mais l'acquéreur doit notifier l'acte de consignation tant au vendeur qu'aux créanciers inscrits, et le faire déclarer valable (2).

Si le prix déclaré par le nouveau propriétaire dans ses notifications est inférieur, non-seulement au montant des créances inscrites, mais

(1) Douai, 17 mars 1858.

(2) La notification de la consignation est nécessaire en vue de la radiation ultérieure des inscriptions que le nouveau propriétaire demandera pour faire disparaître de l'immeuble le signe qui en marquait l'affectation.

encore à la valeur réelle de l'immeuble objet de la purge, les créanciers se détermineront à refuser les offres, et ce refus se manifeste en général, dans ce cas. par l'exercice du droit de surenchérir dont il sera traité dans le paragraphe suivant.

IV.

Des effets d'une réquisition valable de mise aux enchères.

En cas de revente sur enchères, elle aura lieu suivant les formes établies pour les expropriations forcées, à la diligence, soit du créancier qui l'aura requise, soit du nouveau propriétaire. Le poursuivant énoncera dans les affiches le prix stipulé dans le contrat, ou déclaré, et la somme en sus à laquelle le créancier s'est obligé de la porter ou faire porter. Art. 2187.

Lorsque l'un des créanciers a valablement requis la mise aux enchères de l'immeuble, la revente peut être poursuivie, soit par le surenchérisseur, soit par le tiers détenteur lui-même, soit par tout créancier qui se serait fait subroger à la poursuite, conformément à l'art. 833 du Code de Proc.

La réquisition de mise aux enchères n'empêche point que l'acquéreur ne reste propriétaire de l'immeuble qui en forme l'objet, jusqu'à l'adjudication ; d'où il suit : 1° que le tiers détenteur peut arrêter les poursuites et empêcher la vente aux enchères, en désintéressant les créanciers ; 2° que la perte de l'immeuble ou les détériorations qu'il viendrait à subir dans l'intervalle de la surenchère à la revente restent à la charge du tiers détenteur, et autorisent le créancier surenchérisseur à rétracter ou à restreindre ses offres.

La revente par suite de surenchère se fait dans les formes établies pour l'expropriation forcée.

La mise à prix, laquelle est annoncée dans les affiches, comprend le prix déclaré ou la somme évaluée et le dixième en sus. L'adjudication ne peut pas être faite au-dessous, et si personne ne se présente pour offrir un prix supérieur ou au moins égal, l'adjudication a lieu au profit du créancier requérant.

Le détenteur peut, comme un tiers, se porter adjudicataire. Lorsque le tiers détenteur se porte lui-même adjudicataire, le jugement d'adjudication sur surenchère ne fait que confirmer le droit de propriété qu'il tenait de son contrat d'acquisition. Il en résulte qu'il ne sera pas tenu de faire transcrire le jugement d'adjudication. Mais la transcription est nécesaire quand l'adjudicataire est toute autre personne que le détenteur. Cette distinction était, en effet, suivie sous la loi de brumaire.

Le tiers acquéreur qui est resté propriétaire par suite de l'adjudication de l'immeuble mis aux enchères, a son recours contre le vendeur pour le remboursement de toutes les sommes que, par suite de la surenchère, il a été obligé de débourser au delà du prix stipulé dans son contrat, ainsi que les intérêts de cet excédant, à compter des époques respectives des paiements (art. 2191). Pour se couvrir de ce qui lui est dû à ce sujet, il est autorisé à retenir, à l'exclusion des créanciers chirographaires du précédent propriétaire, la somme qui resterait disponible entre ses mains après paiement de tous les créanciers hypothécaires (1).

Lorsque, par suite de la surenchère, l'immeuble est adjugé à un tiers, le détenteur cesse d'être propriétaire; il est même réputé ne l'avoir jamais été, car son acquisition est résolue rétroactivement, *ex antiqua causa*. La mutation de propriété s'opère donc non pas du détenteur à l'adjudicataire, mais de l'aliénateur à l'adjudicataire. De là il suit que les hypothèques et servitudes actives dont l'immeuble était grevé au

(1) Zachariæ, II, p. 958; Troplong, IV, p. 968; Grenier, II, p. 469.

profit de l'acquéreur, et qui s'étaient éteintes par confusion, revivent par l'effet de l'adjudication.

Mais la transcription est nécessaire, ainsi que nous l'avons déjà dit, quand l'adjudicataire est toute autre personne que le détenteur. Nous savons que, sous l'empire de la loi de brumaire, tout acquéreur, même l'acquéreur à titre onéreux, était obligé pour acquérir la propriété à l'égard des tiers, de faire transcrire, soit son contrat de vente, soit son jugement d'adjudication, suivant qu'il était acheteur ou adjudicataire. Sous l'empire du Code, la propriété s'acquiert à l'égard des tiers indépendamment de toute transcription, l'adjudication, de même que la vente ordinaire, est par elle-même et par elle seule translative de la propriété *erga omnes*. La distinction déposée dans notre article n'avait aucune raison d'être; c'est donc sans prendre garde que les rédacteurs du Code, en abrogeant la loi de brumaire, maintinrent cette distinction.

Le principe de la loi de brumaire ayant été rétabli par la loi du 23 mars 1855, l'art. 1289 et la distinction qui contient ont, par là même, recouvré leur ancienne utilité. Désormais tout jugement d'adjudication sur surenchère, lorsqu'un autre que le nouveau propriétaire sera demeuré dernier enchérisseur, devra être transcrit, en exécution de l'art. 1 de la loi de 1855, qui soumet à la transcription tout jugement d'adjudication autre que celui rendu sur licitation au profit d'un cohéritier ou d'un copartageant.

Aux termes de l'art. 2188, l'adjudicataire est tenu, au delà du prix de son adjudication, de restituer à l'acquéreur ou au donataire dépossédé les frais et loyaux coûts de son contrat, ceux de la transcription sur les registres du conservateur, ceux de notification, et ceux faits par lui pour parvenir à la revente.

Le tiers acquéreur dépossédé a droit au remboursement de ses impenses, dans la mesure de la mieux-value qu'elles ont procurée à l'immeuble. Pour assurer ce remboursement, il peut faire ordonner, par le jugement qui doit statuer sur l'admission de la surenchère, que l'adjudicataire éventuel sera tenu de lui rembourser, en sus du prix d'adjudication, le montant de ses impenses, ou tout au moins provoquer à cet effet l'insertion d'une clause au cahier des charges (1). S'il avait négligé cette précaution, il conserverait cependant le droit de répéter contre le surenchérisseur le montant de ses impenses,

(1) Troplong IV, p. 962 ; Zachariæ II, 961 ; Grenier, II, 471.

à supposer que celui-ci fût resté adjudicataire pour le montant de sa soumission. Que si les enchères avaient porté l'immeuble à un prix plus élevé, l'adjudicataire ne serait plus tenu, en sus de son prix, de rembourser la mieux-value résultant des impenses dont il s'agit. Mais il semble que le tiers détenteur pourrait demander à l'ordre le prélèvement de la somme représentant ses impenses, jusqu'à concurrence du moins de l'excédant du prix d'adjudication sur le montant de la soumission du surenchérisseur (1).

L'acquéreur dépossédé a un recours en garantie contre l'aliénateur, l'aliénation a eu lieu à titre onéreux, et une action *negotiorum gestorum* contre le débiteur, aliénateur ou non, dont la dette a été éteinte avec l'argent provenant de la revente de l'immeuble.

V.

Des règles spéciales à la purge et à la surenchère dans les hypothèses prévues par l'art. 2192.

Ces hypothèses sont les suivantes :

I. Une vente faite *unico pretio*, ou pour des prix distincts, comprend tout à la fois des meubles et des immeubles ; le créancier n'est pas

(1) **Zachariæ, II, 961; Bordeaux, 13 mars 1863.**

tenu de faire porter sa surenchère sur les meubles ; il n'en a pas même le droit, car les meubles n'ont pas de suite par hypothèque. Dès lors ce qui lui importe de connaître, c'est uniquement le prix de l'immeuble. En conséquence, le tiers détenteur doit déclarer, lorsque la vente a été faite *unico pretio*, le prix particulier pour lequel il a entendu acquérir l'immeuble.

II. La vente faite *unico pretio* ou pour des prix distincts et séparés comprend des immeubles qui, quoique situés dans le même arrondissement, sont les uns hypothéqués et les autres non grevés d'hypothèques : même décision que dans l'hypothèse précédente. Le créancier n'est pas tenu de porter sa surenchère sur les immeubles non hypothéqués; il n'a pas même ce droit, puisqu'il n'a sur eux aucun droit de suite. Le détenteur doit donc, dans le cas où la vente a été faite *unico pretio*, lui faire connaître le prix particulier pour lequel il a entendu acquérir les immeubles hypothéqués.

III. La vente faite *unico pretio*, ou pour des prix distincts, comprend des immeubles, tous hypothéqués, qui, faisant ou non partie d'une même exploitation, se trouvent situés dans des arrondissements différents : comme le créancier a un droit de suite sur tous les immeubles, il peut surenchérir sur chacun séparément ou sur l'un d'eux seulement. Mais on ne peut pas le contraindre à faire porter sa surenchère sur tous les biens en bloc. Si donc ils ont été vendus *unico pretio*, le détenteur doit lui faire connaître le prix particulier pour lequel il a entendu acquérir chacun des immeubles.

IV. Enfin ces immeubles, tous hypothéqués et situés dans le même arrondissement, sont frappés d'inscriptions particulières et séparées, prises, soit par des créanciers différents, soit par le même créancier, pour des créances distinctes ou même pour une créance unique, mais en vertu d'actes successifs de constitution d'hypothèque. Dans cette quatrième hypothèse, qui se présente le plus fréquemment, et qui peut d'ailleurs se combiner avec les autres hypothèses précédemment rappelées, la notification doit indiquer le prix offert pour chaque immeuble frappé d'inscriptions particulières et séparées.

Ainsi dans toutes ces hypothèses et à supposer que la vente ait eu lieu *unico pretio*, le tiers détenteur doit, dans la notification à faire aux créanciers inscrits, établir la ventilation de ce prix, c'est-à-dire sa décomposition par rapport aux différents immeubles hypothéqués (1) compris dans son titre d'acquisition.

(1) Si l'acte d'acquisition, portant sur plusieurs immeubles,

Cette ventilation est très-utile; non-seulement elle facilite l'exercice du droit de surenchérir, mais elle prévient encore les contestations qui pourraient s'élever dans l'ordre sur la portion de prix afférente aux divers immeubles hypothéqués.

La ventilation prescrite par l'art. 2192 est exigée à peine de nullité. Cette nullité peut être proposée par tous les créanciers hypothécaires, que leurs incriptions soient spéciales ou générales. Mais le vendeur n'est point recevable à la faire valoir.

Dans ces différentes hypothèses le tiers acquéreur dépossédé de l'un des objets par lui acquis a, contre son auteur, outre le recours ordinaire en garantie fondé sur l'éviction qu'il a subie, une action spéciale en indemnité, à raison du dommage que lui cause la division des objets par lui acquis, ou, le cas échéant, de la division des exploitations. Il pourrait même, dans le cas prévu par l'art. 1636, demander la résolution du contrat.

indiquait séparément le prix de chacun d'eux, cette indication devrait être reproduite dans la notification.

CHAPITRE III.

DE LA PURGE DES HYPOTHÈQUES LÉGALES DISPENSÉES D'INSCRIPTION ET NON INSCRITES.

I. Des formalités à remplir par le tiers acquéreur.
II. Des effets attachés à l'accomplissement de ces formalités.

Le Code reconnaît, nous l'avons déjà dit, l'existence de certaines hypothèques, indépendamment de toute inscription. Le système ordinaire de la purge ne pouvait pas s'appliquer à ces hypothèques, puisqu'il a pour base des notifications aux créanciers dont l'existence et les droits sont révélés par des inscriptions. Il était donc nécessaire d'organiser un système spécial de purge pour ces hypothèques. C'est ce que le législateur a fait dans les art. 2193 et suiv. A côté de la purge générale ou ordinaire dont les formalités sont tracées aux art. 2192 à 2193 du Code Napoléon 832, et suiv. du Code de procédure, la loi a organisé, dans les art. 2193 et suiv., une purge spéciale qui s'applique aux hypothèques légales non inscrites des femmes mariées, des mineurs et des interdits. Nous disons non inscrites, parce que cette purge spéciale devient sans objet, si les hypothèques légales, quoique dispensées d'inscription, ont cependant été inscrites. Dans ce cas, en effet, c'est-à-dire lorsque les hypothèques légales compétant à ces personnes ont été inscrites, il est nécessaire et suffisant, pour en opérer la purge, de suivre la marche tracée par les articles 2181 et suiv. (1).

Il est non moins vrai de dire que cette purge spéciale ne peut pas s'appliquer dans l'hypothèse où, par suite de l'expiration de l'année à partir de la dissolution du mariage ou de la cessation de la tutelle, de pareilles hypothèques se sont trouvées soumises à la formalité de la transcription. En effet, les hypothèques légales, non inscrites avant la transcription de l'acte d'aliénation, sont destituées de toute efficacité à l'égard de l'acquéreur, qui n'a par conséquent plus à les purger. Ont-elles été, au contraire, inscrites avant la transcription, c'est encore la marche tracée par les art. 2181 et suivants qu'on devra suivre.

Cette purge spéciale a principalement pour but de mettre les personnes auxquelles ces hypothèques compètent, en demeure de les faire inscrire dans un certain délai, sous peine de déchéance du droit de suite.

(1) Troplong, IV; 975 et 997; Pont nº 1167 et 1402.

Ceci dit, nous arrivons à l'examen des formalités à remplir par le tiers acquéreur et aux conséquences attachées à leur accomplissement.

Pourront les acquéreurs d'immeubles appartenant à des maris ou à des tuteurs, lorsqu'il n'existera pas d'inscription sur lesdits immeubles, à raison de la gestion du tuteur, ou des reprises et conventions matrimoniales de la femme, purger les hypothèques qui existeraient sur les biens par eux acquis (art. 2193).

A cet effet, ils déposeront copie dûment collationnée du contrat translatif de propriété au greffe du tribunal civil du lieu de la situation des biens, et ils certifieront par acte signifié, tant à la femme ou au subrogé tuteur qu'au procureur impérial près le tribunal, le dépôt qu'ils auront fait. Extrait de ce contrat, contenant la date, les noms, prénoms, professions et domiciles des contractants, la désignation de la nature et de la situation des biens, le prix et les autres charges de la vente, sera et restera affiché pendant deux mois dans l'auditoire du tribunal, pendant lequel temps, les femmes, les maris, tuteurs, subrogés tuteurs, mineurs, interdits, parents ou amis, et le procureur impérial seront reçus à requérir, s'il y a lieu, et à faire faire au bureau du conservateur des hypothèques, des inscriptions sur l'immeuble aliéné, qui auront le même effet que si elles avaient été prises le jour du contrat de mariage, ou le jour de l'entrée en gestion du tuteur, sans préjudice des poursuites qui pourraient avoir lieu contre les maris et les tuteurs, ainsi qu'il a été dit ci-dessus, pour hypothèques par eux consenties au profit de tierces personnes sans leur avoir déclaré que les immeubles étaient déjà grevés d'hypothèques, en raison du mariage ou de la tutelle (art. 2194).

Si nous n'avions d'autres textes que les articles 1293 et suivants qui s'occupent successivement des personnes qui peuvent et doivent purger les hypothèques occultes, nous serions autorisés à conclure que la purge légale n'a lieu qu'en cas d'aliénation, et que les bailleurs de fonds ou prêteurs de deniers ne peuvent jamais recourir à cette procédure, qui est établie dans l'intérêt des acquéreurs, pour faciliter et assurer les mutations d'immeubles. Cette conclusion serait cependant très-absolue. Une exception, en effet, a été faite, dans le dernier état de la législation, en faveur des sociétés de Crédit foncier : ces sociétés ont la faculté (loi des 10-15 juin 1853) de faire la purge des hypothèques occultes au moment où le contrat de prêt se forme avec elles.

La loi du 10 juin 1853 a apporté plusieurs modifications à la législation suivie en cette matière, d'après le décret organique du 28 février 1852 (art. 8 et 24). Sous l'empire de ce décret, la purge était non-seulement obligatoire, mais elle devait comprendre encore toutes les autres charges occultes ou actions dont la propriété foncière peut être grevée, comme les actions en revendication, les actions rescisoires et résolutoires, les priviléges non inscrits, etc. Aujourd'hui la purge est facultative et limitée aux hypothèques seulement. Les actions et autres charges occultes, dont l'existence, d'ailleurs, est aujourd'hui sans danger en présence des dispositions du 23 mars 1855 sur la transcription, ont été laissées à l'écart.

En dehors de cette exception, la purge n'a lieu qu'en cas d'aliénation. Il est certain que si les hypothèques légales des mineurs, des interdits ou des femmes mariées ne sont pas restées occultes, l'acquéreur ne devra pas recourir à la procédure exceptionnelle et spéciale qu'organisent nos articles, mais à l'accomplissement des formalités exigées pour la purge ordinaire. Il est inutile de dire que si l'acquéreur est en présence de créanciers inscrits, et d'un mineur, d'un interdit ou d'une femme mariée, il sera obligé, pour s'assurer une propriété libre et affranchie de toutes les hypothèques, de procéder à la purge ordinaire et à la purge spéciale.

Nous observerons, en passant, que la controverse si grave que soulevait autrefois la question de savoir si l'expropriation forcée purgeait par elle-même toutes les hypothèques, sans excepter les hypothèques légales non inscrites, ne présente plus d'intérêt aujourd'hui. La loi du 21 mai 1858 sur les ordres, a coupé, en effet, court à toutes les difficultés, en décidant que l'expropriation forcée purgeait toutes les hypothèques sans distinction.

Passons maintenant au développement des formalités à remplir par le tiers acquéreur pour arriver à la purge des hypothèques légales, dispensées d'inscription et non inscrites.

Le tiers acquéreur doit, ainsi que nous l'avons déjà dit, après avoir fait transcrire son titre, en déposer au greffe du tribunal de première instance de la situation des immeubles qu'il veut purger, une copie dûment collationnée, soit par le notaire qui a reçu l'acte, soit par le greffier, lorsqu'il s'agit d'un jugement d'adjudication, soit enfin par les parties elles-mêmes, si l'acquisition ne se trouve constatée que par un acte sous seing privé. Dans cette dernière hypothèse, il serait cependant loisible au tiers acquéreur de déposer l'original même de son acte d'acquisition, ou une copie collationnée par le notaire auquel il aurait été déposé. Mais nous croyons avec MM. Aubry et Rau que le tiers acquéreur ne se trouve pas dans la nécessité de recourir à ce dernier moyen. L'opinion contraire, professée par M. Duranton, nous paraît avoir le vice capital d'imposer à l'acquéreur une obligation qui n'est pas exigée par la loi.

Le dépôt de l'acte d'acquisition peut être fait, sans assistance d'avoué, par la partie elle-même ou par un fondé de pouvoir. Il est constaté au moyen d'un acte dressé par le greffier. Remarquons toutefois que, si le ministère des avoués n'est pas obligatoire pour l'accomplissement des formalités de la purge, leur concurrence cependant avec les autres officiers ministériels ou simples fondés de pouvoir n'est pas interdite (1).

Après le dépôt au greffe de la copie collationnée, le tiers acquéreur doit notifier, tant à la femme ou au subrogé tuteur, qu'au procureur impérial près le tribunal de la situation des biens, l'acte de dépôt dressé par le greffier. Mais cette notification, à la différence de celle dont il est question en l'art. 2183, n'a pas besoin d'être faite par un huissier commis à cet effet (2). Cette signification doit être faite à toutes les personnes que la loi a désignées. Ainsi une notification faite au procureur impérial ne peut pas suppléer

(1) Nîmes, 19 mai 1857.

(2) Pont, N° 1049; Grenier, II, 438; Troplong, IV, 978.

celle qui doit être faite soit à la femme, soit au subrogé tuteur, sans quoi la purge ne s'accomplirait pas au profit du tiers acquéreur.

Quant à la signification à faire à la femme, aucune difficulté n'est possible; c'est à la femme elle-même et non au mari qu'elle doit être faite.

S'agit-il de l'hypothèque légale du mineur, la signification sera faite au subrogé tuteur, et non pas au tuteur qui est en opposition d'intérêts avec son pupille. Mais il peut arriver que les mineurs ne soient point encore pourvus d'un subrogé tuteur, ou que le tiers acquéreur ne connaisse pas l'existence d'enfants mineurs ayant hypothèque légale sur les immeubles qu'il veut purger. Comment devra-t-il procéder? Il leur fera nommer, dans la première hypothèse, un subrogé tuteur afin de pouvoir lui adresser la notification dont il vient d'être parlé. Il sera tout à la fois nécessaire et suffisant, dans la dernière hypothèse où l'acquéreur peut supposer ou craindre que les immeubles par lui acquis ne soient grevés d'hypothèques légales du chef de mineurs ou de femmes qu'il ne connaît pas, qu'il déclare dans la signification au procureur impérial, que les personnes du chef desquelles il pourrait être pris inscription à raison d'hypothèques légales dispensées de cette formalité ne lui étant pas connue, il fera publier, dans les formes prescrites par l'art. 696 du Code de procédure, la signification qui devrait leur être adressée, et que de fait il effectue cette publication, ou que, à défaut de journaux dans le département, il obtienne du procureur impérial un certificat constatant qu'il n'en existe pas. Ce système a été consacré par un avis du Conseil d'Etat des 9 mai — 1er juin 1807.

Il est important de remarquer que l'avis parle aussi du cas où le subrogé tuteur n'est pas connu et qu'en le prenant à la lettre on pourrait conclure que, dans ce cas, et bien que l'existence du mineur ne fût pas ignorée, le nouveau propriétaire pourrait purger, en se conformant aux formalités décrites dans l'avis du Conseil d'Etat. Cette conclusion, quoique conforme à la rédaction de l'avis, doit être rejetée. Il est certain que toutes les formalités décrites dans l'avis ont été organisées pour le cas où le nouveau propriétaire, ne connaissant pas l'existence du mineur, se trouverait dans l'impossibilité de faire la signification prescrite par notre article, mais dès qu'il connaît l'existence du mineur, cette impossibilité cesse pour lui, c'est alors au subrogé tuteur que la signification doit être faite, et s'il n'y en a pas, il doit lui en faire nommer un, afin de pouvoir lui adresser la notification dont il vient d'être parlé (1).

Enfin, comme dernière formalité, notre article exige qu'un extrait de l'acte d'acquisition, dressé par le greffier et contenant la date de cet acte, les noms, prénoms, professions et domiciles des contractants, la désignation de la nature et de la situation des biens, le prix et les autres charges de l'acquisition, soit et reste affiché pendant deux mois dans l'auditoire du tribunal. L'accomplissement de cette formalité se constate au moyen d'un certificat délivré par le greffier.

On est généralement d'accord pour décider que l'omission de l'une de ces indications n'entraînerait pas nécessairement la nullité; mais la formalité ne serait pas regardée comme valablement accomplie si l'omission portait sur une indication sans laquelle les créanciers mis en demeure ne pourraient pas se déterminer sur le point de savoir s'ils ont ou non intérêt à répondre à l'appel qui leur est fait par la réquisition d'une inscription (2).

(1) Zachariæ II, 966; Pont, n° 1411; Rouen, 13 mars 1840; Grenoble, 8 février 1842; Limoges, 5 mai 1843; Nîmes, 25 mai 1857. Voy. en sens contraire : De Frémenville, *de la minorité*, II. 1155; Grenoble, 29 novembre 1837.

(2) Pont, n° 1412; Lyon, 19 nov. 1850.

Si, dans le cours des deux mois de l'exposition du contrat, il n'a pas été fait d'inscription du chef des femmes, mineurs ou interdits, sur les immeubles vendus, ils passent à l'acquéreur sans aucune charge, à raison des dots, reprises et conventions matrimoniales de la femme ou de la gestion du tuteur, et sauf le recours, s'il y a lieu, contre le mari et le tuteur. Art. 2195.

Ce délai court, ainsi que le dit notre article, pour les personnes auxquelles des notifications individuelles ont été adressées, du jour de l'affiche, dans l'auditoire au tribunal, de l'extrait de l'acte d'acquisition, et pour celles qui ont dû être faites, dans l'hypothèse de l'avis du conseil d'Etat, du jour de la publication faite conformément à l'article 696 du Code de procédure, ou du jour de la délivrance du certificat délivré par le procureur impérial, portant qu'il n'existe pas de journal dans le département.

Ce délai a été abrégé en faveur des sociétés de crédit foncier. La loi du 10 juin 1853 a fixé, pour faire l'inscription, deux délais, dont l'un applicable aux hypothèques connues, est réduit à quinze jours, qui partent soit de la signification faite à la femme lorsque l'emprunteur est un mari, soit de la délibération du conseil de famille si l'emprunteur est tuteur, et dont l'autre, applicable aux hypothèques inconnues, est réduit à quarante jours à partir de l'insertion dans les journaux de l'extrait de l'acte constitutif d'hypothèque.

Une difficulté très-sérieuse a été soulevée sur la question de savoir si le délai dont il s'agit ici n'est pas susceptible d'augmentation à raison des distances. Le délai de quinze jours donné à la femme pour requérir l'inscription doit être augmenté à raison des distances. En est-il de même de celui de deux mois, prévu par l'art. 2195? Pour M. Pont, le doute n'est pas possible; le délai n'est pas susceptible d'augmentation à raison des distances, et cela même dans le cas où la personne au profit de laquelle l'inscription doit être prise demeure au delà du territoire continental de la France. Les raisons qu'il présente à l'appui de son opinion c'est, d'abord les termes précis de l'article qui fixe le délai de deux mois d'une manière générale et absolue. La nécessité même des choses confirmerait, d'après cet auteur, cet argument du texte. « Nous sommes ici, dit-il, dans un cas spécial auquel ne semble pas pouvoir être appliquée la disposition de l'art. 1033 du Code de procédure, faite pour régler les matières ordinaires. Si le législateur, ajoute-t-il, eût voulu que les deux mois assignés comme terme de la faculté d'inscrire pussent être exceptionnellement augmentés dans certains cas, il l'aurait certainement exprimé, comme il l'a fait dans l'article 2185, relatif au délai de la surenchère (1).

Un jugement du tribunal de Bergerac, du 25 février 1854, a consacré le système contraire.

S'il a été pris des inscriptions du chef desdites femmes, mineurs ou interdits, et s'il existe des créanciers antérieurs qui absorbent le prix en totalité ou en partie, l'acquéreur est libéré du prix ou de la portion du prix par lui payée aux créanciers placés en ordre utile; et les inscriptions du chef des femmes, mineurs ou interdits, seront rayées, ou en totalité, ou jusqu'à due concurrence (art. 2195, 1er al.)

Si les inscriptions du chef des femmes, mineurs ou interdits, sont les plus anciennes, l'acquéreur ne pourra faire aucun payement du prix au préjudice desdites inscriptions, qui auront toujours, ainsi qu'il a été dit ci-dessus, la date du contrat de mariage, ou de l'entrée en gestion du tuteur; et, dans ce cas, les inscriptions des autres créanciers qui ne viennent pas en ordre utile seront rayées (art. 2195, 2e al.)

L'accomplissement des formalités que nous avons indiquées ouvre, quoique la loi ne le dise pas d'une manière formelle, aux mineurs aux interdits, aux femmes mariées ou à leurs réprésentants, le

(1) Pont. n° 1417.

droit de surenchérir, s'ils espèrent que les surenchères donneront à l'immeuble aliéné par le tuteur ou par le mari un prix supérieur à celui qui est porté dans l'acte d'aliénation. Ce droit est une prérogative attachée à toutes les hypothèques indistinctement, et il n'y a aucune bonne raison pour le refuser aux créanciers munis d'une hypothèque légale, pas plus qu'aux autres créanciers hypothécaires.

Mais nous pensons que le droit de surenchère et celui de prendre inscription se confondent en ce qui concerne le délai dans lequel ils doivent être exercés. Il est vrai que, dans les hypothèques ordinaires, soumises à la formalité de l'inscription, les créanciers ont un délai de quarante jours pour surenchérir, indépendant du délai de deux mois fixé par notre Code, et c'est seulement quand ce second délai de quarante jours est expiré sans surenchère, qu'il y a déchéance par rapport au droit de surenchérir. Les femmes et le mineur rentrent, peut-on dire, dans le droit commun en inscrivant leurs hypothèques, dès lors l'acquéreur ne peut purger à leur égard que suivant les formalités prescrites par les art. 2183 et suivants du Code Napoléon. Ce raisonnement ne nous paraît pas bon : la loi a tracé dans deux chapitres séparés les formalités de la purge des hypothèques : l'un n'a trait qu'aux hypothèques ordinaires soumises à la formalité de l'inscription, l'autre s'occupe spécialement de la purge des hypothèques légales. Mais ces deux procédures parallèles se suffisent à elles-mêmes, et n'ont rien à emprunter l'une à l'autre, comme le fait très-bien remarquer M. Pont. On ne pourrait même, sans tomber dans l'arbitraire, accorder à la femme, au mineur ou à l'interdit, pour surenchérir, un délai autre que celui qui leur est imparti pour prendre inscription. En effet, dans les hypothèques ordinaires, c'est la notification seule qui fait couvrir le délai de la surenchère; et exiger de l'acquéreur une notification au créancier à hypothèque légale qui a pris inscription depuis la transcription du contrat, c'est lui imposer une obligation que la loi ne lui a pas faite, et qui, d'ailleurs, constituerait une anomalie avec les dispositions qui ne prescrivent les notifications que vis-à-vis des créanciers inscrits avant la transcription (1). A défaut donc d'une disposition légale qui, dans les hypothèques dispensées d'inscription, fixe un délai spécial pour la surenchère, nous sommes autorisés à croire que le délai de deux mois est unique et qu'il est le seul accordé par la loi aux femmes, aux mineurs et aux interdits, pour prendre inscription (2).

(1) Pont, n° 1419.

(2) Grenier, II, 457; Troplong, IV, 982; Rolland de Vil-

Nous allons voir maintenant quels sont les effets attachés à l'accomplissement des formalités qui viennent d'être indiquées. A cet égard, la loi prévoit deux hypothèses distinctes : celle où il n'a pas été pris inscription dans le délai de la loi et celle ou des inscriptions ont été prises.

Dans la première hypothèse, c'est-à-dire quand il n'a pas été fait d'inscription dans le délai de deux mois, tel qu'il vient d'être déterminé, les immeubles dont la purge a été poursuivie sont définitivement affranchis, dans l'intérêt de l'acquéreur, des hypothèques légales qui les grevaient.

Mais à défaut d'inscription dans le délai de deux mois, le créancier à hypothèque légale, quoique déchu de son droit de suite sur l'immeuble vis-à-vis de l'acquéreur, conserve son droit de préférence (1). Ce qui reste perdu, à défaut

largues, *Répert. du not.*, V. Surenchère, n° 32; Grenoble, 27 décembre 1821; Metz, 14 juin 1837; Paris, 16 décembre 1840; Alger, 12 janvier 1854; Paris, 29 novembre 1857. En sens contraire : Caen, 6 août 1813; Orléans, 17 juillet 1829.

(1) La question de savoir si le créancier à hypothèque ainsi déchu de son droit sur l'immeuble vis-à-vis de l'acquéreur, devait être considéré comme déchu également de son droit sur le prix vis-à-vis des autres créanciers, était l'une des plus controversées du régime hypothécaire. Mais depuis la loi du 21 mai 1858, la question ne peut plus être discutée.

d'inscription dans le délai de deux mois, c'est e droit de suite, et la perte de ce droit subsiste même au cas où, par l'effet d'une surenchère, l'acquéreur qui a rempli les formalités de la purge s'est trouvé évincé de son acquisition, de telle sorte que l'adjudicataire sur surenchère n'est pas tenu de procéder à une nouvelle purge des hypothèques. Mais le droit de préférence ne disparaît point avec le droit de suite; il lui survit, mais renfermé dans certaines limites.

Ainsi, les créanciers à hypothèques légales ne peuvent exercer leur droit de préférence qu'autant qu'un ordre est ouvert, soit sur la poursuite d'un créancier inscrit ou de l'acquéreur, soit à leur propre diligence, dans les trois mois qui suivent l'expiration des deux mois que l'art. 1924 leur accorde pour s'inscrire. A défaut d'un ordre ouvert dans ce délai, la déchéance est complète, rien ne subsiste de l'hypothèque, ni le droit de surenchère, ni le droit de préférence.

Si l'ordre a été ouvert dans les trois mois dont il vient d'être parlé, les femmes, les mineurs et les interdits peuvent produire leur droit dans le délai fixé par l'art. 754 (1), si

(1) Ce délai est de quarante jours et se compte à partir des sommations adressées aux créanciers inscrits pour les mettre en demeure d'avoir à se présenter, il en résulte qu'au

l'ordre se règle judiciairement, et jusqu'à la clôture (2), si l'ordre est amiable.

Lorsque des inscriptions ont été prises du chef de mineurs, d'interdits ou de femmes mariées, les hypothèques sont conservées dans toute leur plénitude, tant au point de vue du droit de suite qu'au point de vue du droit de préférence.

Si ces hypothèques sont primées par des créanciers antérieurs, pour la totalité, ou pour une portion du prix de l'immeuble dont la purge est poursuivie, l'inscription prise dans les deux mois n'assure pas à la femme ou au mineur un rang utile, et l'acquéreur est libéré en payant son prix aux créanciers colloqués en ordre utile. Si le prix est absorbé en entier par ce paiement, les inscriptions des créanciers ayant hypothèque légale, sont rayées en totalité. S'il reste quelque chose du prix, après que les créanciers antérieurs sont payés, les inscriptions de

cas où elles ont été faites en différents temps, les femmes, les mineurs et les interdits peuvent utilement produire, tant qu'il ne s'est point écoulé 40 jours à compter de la dernière sommation. (MM. Mourlon et Olivier, Commmentaire de la loi du 21 mai 1858, n° 485).

(2) Les hypothèques légales, même non inscrites, y peuvent être produites utilement.

la femme ou du mineur sont réduites à la portion du prix non absorbée.

Dans l'hypothèse contraire, c'est-à-dire si les hypothèques des femmes, mineurs ou interdits sont les premières en rang, l'acquéreur ne pourra faire aucun paiement au préjudice de ces créanciers, et les inscriptions des autres créanciers qui ne viennent pas en ordre utile seront rayées. Ainsi la purge n'aura lieu qu'autant que l'acquéreur s'arrangera de manière que son prix soit employé à éteindre jusqu'à due concurrence les créances dont il est question.

Il convient d'examiner maintenant la position des mineurs ou interdits, et celle des femmes mariées ou des créanciers subrogés à leurs droits.

L'art. 2195 nous dit que l'inscription prise dans les deux mois de l'exposition du titre de l'acquéreur remonte, quant au mineur ou à l'interdit, à la date de l'entrée en gestion du tuteur, et quant à la femme, à la date du contrat de mariage. A proprement parler, ce n'est pas à la date de l'entrée en gestion que remonte l'inscription, quant au mineur ou à l'interdit, mais au jour de l'acceptation de la tutelle, car c'est à partir de ce jour que commence la responsabilité du tuteur. Toutefois le compte à rendre par le tuteur ne pouvant être réglé que lors de la cessation de la tutelle, ces personnes peuvent exiger que la totalité du prix de l'immeuble dont la purge a été poursuivie reste entre les mains de l'acquéreur, si mieux n'aime celui-ci en faire la consignation ; et nous croyons même que les créanciers postérieurs pourraient demander la distribution entre eux du prix de l'immeuble, à la charge de fournir une caution ou des sûretés suffisantes pour la restitution éventuelle lors de la reddition du compte tutélaire. Mais nous ne pensons pas, quoi qu'en ait dit M. Bertauld (1), qu'il puisse jamais y avoir lieu à une estimation par le juge du maximum auquel pourrait s'élever le reliquat du compte de tutelle, parce que la fortune du mineur est susceptible de s'augmenter dans le cours de la tutelle par des causes diverses et impossibles à prévoir (2).

En ce qui concerne les femmes mariées, leurs divers droits et créances contre leurs maris ne remontent pas invariablement à la date du mariage; aussi elles ne peuvent pas demander, comme les mineurs ou interdits, que la totalité du prix de l'immeuble soit consignée ou conservée par l'acquéreur, pour la sûreté des droits qui pour-

(1) Revue pratique, 1860, X, p. 214 et 215.

(2) Zachariæ, II, p. 968; Troplong, IV, 993; Pont, n° 1426; Grenier, I, 271.

raient prendre naissance après la clôture de l'ordre, et qui ne se trouveraient garantis que par des hypothèques postérieures à celles des autres créanciers (1).

Mais il est certain que la femme mariée, à la différence du mineur ou de l'interdit, est autorisée à réclamer une collocation actuelle pour toutes ses créances déjà existantes, et ce droit lui appartient, qu'elle soit ou non séparée de biens, avec cette différence, toutefois, que si elle n'est pas séparée de biens, elle n'aura capacité de toucher le montant de sa collocation qu'après la séparation de biens ou à la dissolution du mariage (2).

Quant aux gains de survie et aux autres conventions matrimoniales subordonnées à une condition quelconque, la femme pourra également demander une collocation; mais cette collocation sera provisoire et ne deviendra définitive que par l'arrivée de l'événement duquel dépendent les créances de cette nature (3).

Ici encore, nous croyons que les créanciers venant immédiatement après la femme pourraient demander la distribution à leur profit des sommes pour lesquelles cette dernière n'aurait été

(1) **Zachariæ, p. 969 ; Bertauld, *op. cit.*, p. 209 et suiv.**

(2) **Req. 21 juillet 1847 ; Cass. 23 août 1814.**

(3) **Bertauld, *loc. cit.* ; Zachariæ, t. II, 969**
Troplong, n° 993.

que provisoirement colloquée, à la charge de fournir une caution ou des sûretés suffisantes pour la restitution, le cas échéant (1).

Si les créances déjà existantes de la femme, comme par exemple, celles pour ses répétitions dotales, ou pour le prix de ses propres aliénés, et ses créances subordonnées à une condition n'absorbent pas le prix en totalité, l'acquéreur doit compte aux créanciers qui la suivent en rang de l'excédant, et la distribution des deniers restés disponibles pourra être faite sans qu'elle puisse exiger une caution ou des sûretés de la part de ces derniers, à raison de droits que pourraient faire naître à son profit des événements ultérieurs, et qui ne seraient pas garantis par une hypothèque remontant au jour du mariage (2).

(1) Grenier, t. 1, n° 271; Zachariæ t, II, p. 251, note 8; Troplong, 993.

(2) La position des créanciers subrogés à l'hypothèque légale d'une femme mariée est sous certains rapports plus favorable que celle de la femme. Non-seulement ils sont admis à réclamer à leur profit personnel, jusqu'à concurrence de leurs créances, toutes les collocations que la femme elle-même serait en droit de demander; mais ils peuvent encore demander une collocation actuelle et définitive pour le montant de leurs créances, au rang hypothécaire auquel la femme elle-même aurait pu réclamer une collocation provisoire en raison de son indemnité éventuelle.

Nous terminerons par une remarque sur le dernier paragraphe de notre article 2195. Les inscriptions des créanciers qui ne viennent pas en ordre utile seront rayées, y est-il dit. Cela peut être ainsi, toutes les fois que les créances garanties par une hypothèque légale sont certaines et actuellement déterminées. Dans le cas contraire, c'est-à-dire si ces créances sont indéterminées ou purement éventuelles, les créanciers postérieurs pourront faire maintenir leurs inscriptions jusqu'à la liquidation des droits garantis par l'hypothèque légale, et ils devront le faire dans leur propre intérêt.

POSITIONS.

DROIT ROMAIN.

I. Un simple fait peut constituer l'hypothèque en droit romain.

II. L'hypothèque établie sur un esclave comprend le part même né chez un tiers détenteur, pourvu que la mère ait été *in bonis debitoris* au moment de la conception.

III. Le possesseur de bonne foi d'un immeuble hypothéqué fait siens les fruits qu'il a perçus avant la *litis contestatio*.

IV. La loi 22, D. *de pign. et hyp.*, et la loi 41, *de pign. act.* sont inconciliables.

V. Lorsque le débiteur qui a hypothéqué la chose d'autrui en devient propriétaire, le créancier n'a d'action utile qu'autant qu'il a ignoré que la chose fût à autrui ; s'il l'a su, il n'a qu'un simple droit de rétention.

VI. Si la maison hypothéquée a été reconstruite par un possesseur de bonne foi, le créancier sera forcé de lui tenir compte de la plus-value résultant de ses travaux.

VII. La loi 44, § 1, D. *de damno infecto*, et la loi 29, § 2, D. *de pign. et hyp.* ne sont pas inconciliables.

VIII. Il y a antichrèse tacite.

DROIT FRANÇAIS.

I. Le mineur émancipé ne peut pas hypothéquer ses biens pour la sûreté des obligations qu'il est capable de contracter.

II. L'hypothèque consentie par une personne qui n'est pas propriétaire devient valable pour l'avenir si le constituant devient plus tard propriétaire de l'immeuble par lui hypothéqué.

III. Le débiteur qui n'a pas de biens présents peut hypothéquer ses biens à venir.

IV. L'héritier pour partie ne peut pas, après qu'il a payé la part de dette dont il est personnellement obligé, faire transcrire l'acte de partage, et purger l'immeuble hypothéqué qui a été placé dans son lot.

V. L'acquéreur sous une condition suspensive ne peut pas purger.

VI. L'offre du nouveau propriétaire engendre une obligation personnelle qui ne permet pas à celui qui l'a faite de s'en départir sans le consentement de ceux à qui elle a été adressée.

VII. Les intérêts que l'acquéreur a dû servir depuis son acquisition ne doivent pas être considérés comme charges faisant partie du prix.

DROIT CRIMINEL.

I. L'action publique et l'action privée résultant d'un crime se prescrivent sans distinction par dix ans.

II. Les circonstances qui sont de nature à

changer la qualification légale du fait à punir, étendent aux complices leur effet aggravant ou atténuant, bien qu'elles dérivent de qualités personnelles à l'auteur principal.

PROCÉDURE.

I. Les juges ont, en général, le pouvoir d'accorder des délais de grâce, alors même que le créancier est muni d'un titre exécutoire autre qu'un jugement.

II. La tierce opposition n'est pas obligatoire, mais elle est souvent le seul moyen qu'on puisse employer pour prévenir le préjudice qui, nonobstant l'art. 1351 du Code Napoléon, pourrait résulter de l'exécution du jugement.

DROIT DES GENS.

I. L'étranger jouit, en France, de tous les droits qui ne lui sont pas expressément enlevés par la loi.

II. La jouissance pleine et absolue de la souveraineté d'une nation n'est pas subordonnée à la reconnaissance de cette nation.

III. Il y a des cas où l'intervention est permise.

DROIT COMMERCIAL.

I. Le créancier d'une société en commandite a une action directe contre le commanditaire pour le contraindre à effectuer sa mise.

II. Le non commerçant qui promet de verser des fonds, ou qui souscrit des actions dans une société commerciale en commandite fait en cela un acte de commerce qui le soumet à la juridiction des tribunaux de commerce et à la contrainte par corps.

HISTOIRE DU DROIT.

I. Le principe de la personnalité des lois s'établit par suite de l'habitude où étaient les Germains de respecter les lois des anciens habitants dont ils conquéraient le pays.

II. C'est dans les mœurs germaniques qu'il faut chercher l'origine des fiefs.

Vu par le Président de la Thèse,
J. E. LABBÉ.

Vu par le Doyen de la Faculté,
C. A. PELLAT.

Vu et permis d'imprimer,
Le Vice-Recteur de l'Académie de Paris,
A. MOURIER.

www.ingramcontent.com/pod-product-compliance
Ingram Content Group UK Ltd.
Pitfield, Milton Keynes, MK11 3LW, UK
UKHW020320230726
13925UKWH00002B/532

9 782013 573030